회의다운 회의

회의다운 회의

초판 1쇄 인쇄 2022년 04월 12일
초판 1쇄 발행 2022년 04월 14일

지은이 홍국주
펴낸이 최익성

책임편집 최보문
편집 이유림, 김민숙
마케팅 총괄 임동건
마케팅 임주성, 김아름, 신현아, 김다혜, 이병철
마케팅 지원 안보라, 황예지, 신원기, 박주현, 김미나, 배효진, 박한아
경영지원 임정혁, 이순미

펴낸곳 플랜비디자인
디자인 박영정

출판등록 제2016-000001호
주소 경기도 화성시 첨단산업1로27 동탄IX타워 A동 3210호
전화 031-8050-0508   **팩스** 02-2179-8994
이메일 planbdesigncompany@gmail.com
ISBN 979-11-6832-012-3 03320

데없는 회의를 거부하는
즌 직장인의 회의문화

회의
다운
회의

PlanB DESIGN 플랜비디자인

그룹의 대화를 이끄는 개인

우리 개개인은 언제나 어떤 그룹 안에 속한 채로 살아갑니다. 그리고 그 안에서 더 빛나는 존재가 되기 위해 매순간 고군분투하지만, 자신을 빛나게 할 방법을 찾지 못해 늘 이리저리 부딪히고 좌절을 경험하곤 합니다.

그룹 안에서 빛나는 개인이 되기 위해서는 무엇보다 그룹의 대화를 이끄는 사람이 되어야 합니다. 그룹의 대화가 그룹에 필요한 방향으로 흘러갈 수 있도록 길을 인도할 수 있어야 합니다.

말 잘하는 사람을 찾기는 쉽습니다. 1 대 1 상담이나 코칭을 통해 개인을 돕는 사람은 많습니다. 하지만 그룹의 대화를 잘 이끌어 그룹에게 도움을 줄 수 있는 사람은 드물기만 합니다.

그룹의 대화를 잘 이끄는 사람이 된다는 것은 그만큼 어려운 일이기 때문에 이것을 이뤄낼 수만 있다면 우리 모두는 분명 남들과는 다른 무언가를 해내는 사람이 될 수 있을 겁니다.

한 번이라도 이런 경험을 할 수 있다면, 그 경험은 여러분에게 큰 '기쁨'이 될 겁니다. 내가 속한 그룹에 공헌하고 기여했다는 생각에 유능감을 얻게 되는 것은 물론이고, 그룹에 속한 사람들은 지금까지와는 다른 시선으로 나를 바라볼 겁니다.

더 나아가, 내가 이끄는 그룹의 대화와 그렇지 않은 그룹의 대화가 확연한 차이를 보일 때, 사람들이 그러한 사실을 알아차리고 나를 인정하고 찾을 때, 그룹의 대화 속에서 빛나는 나의 존재감을 통해 비로소 '나'라는 브랜드가 희소성을 갖는다는 것을 확인할 수 있습니다.

그렇다면 여기서 하나의 의문이 드실 겁니다.
'그룹의 대화란 무엇인가?'
'그룹의 대화'라는 것은 일반적으로 '회의'를 의미합니다.

저는 컨설턴트로 일하며 대기업부터 중견기업, 스타트업, 공공기관, 공기업에 이르기까지 다양한 그룹의 대화를 경험했습니다. 이것을 진단하고, 모니터링하고, 코칭하고, 변화시키고, 교육하는 것이 저의 주된 업무였고, 특히나 조직에서는 리더를 대상으로 '그룹의 대화를 잘 이끄는 방법'을 교육해 왔습니다.

대기업의 임원들은 어떤 교육을 받을까?
학교의 교장들은 어떤 교육을 받을까?
조직의 팀장들은 어떤 교육을 받을까?
회의 진행자들은 어떤 교육을 받을까?

이 질문에 대한 답이 궁금하신가요?
그 답이 바로 이 책에 담겨 있습니다.

이 책을 쓴 이유는 단순합니다. 책을 읽은 후에 독자가 속한 그룹의 대화가 조금 더 즐겁고 유익할 수 있기를 바라기 때문입니다. 지금도 그룹 안에서 자신의 가치와 존재감을 드러내고자 최선의 노력을 기울이는 분들을 위해 그 방법을 보다 구체적으로 제시하려는 것입니다.

이 글을 읽는 당신이 조직을 이끄는 리더이든, 회의를 이끄는 진행자이든, 그냥 참석자이든 상관없습니다. 역할과는 상관없이 당신이 그룹의 대화를 위해 할 수 있는 일은 분명히 있기 때문입니다.

이 책에는 당신이 시도해 볼 수 있는 다양한 방법들이 담겨 있습니다. 그 방법들을 하나씩 실험해 본 뒤, 가장 잘 맞는 방법을 선택해 그룹의 대화를 이끌어 보세요.

저는 이 책에 쓰인 문장들이 그룹의 대화를 고민하는 한 사람에게 언제나 편안하게 의지할 수 있는 작은 속삭임이 되기를 바랍니다.

마음이 담긴 사람의 말에는 말한 사람의 체온이 남듯이 그룹 속에서 살아가는 개인에게 조금의 도움이라도 되기를 원하는 저의 진심이 따뜻한 체온으로 이 글에 담기기를 바랍니다.

나의 회의력 TEST

다음 중 회의에 대한 생각이 나와 일치하는 항목을 체크해 보세요.
하나의 항목이라도 체크되었다면
그룹의 대화에 대한 학습이 필요하다는 의미입니다.

1. 일주일에 한 번 모이는 주간 회의 같은 정기 회의는 반드시
   필요하다. ☐

2. 정보를 가장 효과적으로 공유하는 수단이 회의라고 생각한다. ☐

3. 회의에서 발언은 모두 동등하게 해야 한다. ☐

4. 회의 참여자들의 의견이 많으면 많을수록 좋은 회의가 된다. ☐

5. 리더는 참여자들의 부담을 줄이기 위해서 충분한 여유를 두고
   회의실에 들어가는 것이 좋다. ☐

6. 회의가 진행되는 동안 집중도를 높이기 위해 개개인이 노트에
   메모를 하는 것이 좋다. ☐

7. 회의에 많이 참여하지 않는 구성원이 있다면 그 구성원을 지목
   해서 질문하는 것이 좋다. ☐

8. 회의의 결과물로 가장 중요하게 작성되어야 하는 것은
   '회의록'이다. ☐

9. 서로 불편하지 않기 위해서는 반대 의견을 제시하거나 논쟁을
   하지 않는 것이 좋다. ☐

10. 회의에서 논의가 잘 이뤄지려면 "O의 의견에 어떻게 생각하
    시나요?"라고 계속 물어야 한다. ☐

**단 한 가지라도 체크가 되었다면,
'회의력'에 대한 학습이 필요합니다.**

회의에 대한 오해와 진실

Q1

일주일에 한 번 모이는 주간 회의 같은 정기 회의는 반드시 필요하다. No!

뚜렷한 목적, 목표, 안건 없이 관습에 의해 진행되는 정기 회의는 불필요한 회의가 될 가능성이 큽니다. 회의를 개최하기 이전에 꼭 질문해 보아야 하는 것은 "이 회의는 꼭 필요한 회의인가?"입니다

Q2

정보를 가장 효과적으로 공유하는 수단이 회의라고 생각한다. No!

정보공유형 회의는 리더에게만 효과적인 회의입니다. 자신이 필요한 정보를 얻기 위해 관련 모든 팀원들을 한자리에 모아 설명을 듣기 때문이죠. 자료를 빔 프로젝트에 띄워 놓고 돌아가면서 설명하는 회의 같지 않은 '보고회'가 진행되는 주된 이유입니다. 정보 공유를 위한 목적으로 진행되는 회의는 중요하지 않은 정보를, 중요한 시간에 공유하게 될 수 있습니다. 개인별로 공유를 받거나, 더 효율적으로 서로의 업무 진행 사항을 공유할 수 있도록 정보의 투명성을 높이는 방법을 고민해야 합니다.

Q3

회의에서 발언은 모두 동등하게 해야 한다. No!

구성원들의 발언 점유율은 동등하면 좋지만 리더의 발언 점유율은 구성원보다 적은 것이 좋습니다. 최대한 보수적으로 생각해야 리더가 회의에서 연설을 하지 않습니다. 리더가 회의에서 연설을 하는 순간 공동체 감정, 협력 분위기, 집중도는 감소합니다.

Q4

회의 참여자들의 의견이 많으면 많을수록 좋은 회의가 된다. No!

회의에서는 의견이 많은 것이 중요한 것이 아닙니다. 의견 간의 교환이 중요합니다. 각자의 의견만 많으면 회의가 산으로 가고 합의가 잘 되지 않습니다. 회의를 이끄는 사람은 회의가 논점을 잃지 않고 의견의 교환이 일어날 수 있도록 해야 합니다.

Q5

리더는 참여자들의 부담을 줄이기 위해서 충분한 여유를 두고 회의실에 들어가는 것이 좋다. No!

보통 마지막에 들어가는 사람이 리더인 경우가 있습니다. 회의에서 리더는 개최만 하고 진행을 다른 구성원에게 맡기는 '주관자'가 아니라 회의 전체를 이끄는 '진행자'여야 합니다. 최대한 회의실에 먼저 들어가 회의에 참여하는 구성원들과 대화를 나누고, 편안한 분위기를 조성하고, 회의에 필요한 준비를 하는 것이 필요합니다.

Q6

회의가 진행되는 동안 집중도를 높이기 위해 개개인이 노트에 메모를 하는 것이 좋다. No!

회의는 개인의 기억이 아닌 집단의 기억을 관리하는 시간과 공간입니다. 개개인의 노트에 메모를 작성하는 것은 별 도움이 되지 않습니다. 서로가 이해한 것이 무엇인지, 서로가 중요하게 파악한 것이 무엇인지 알 수가 없습니다. 모두가 한 방향을 보면서 동일한 이해 선상에서 회의에 참여할 수 있도록 집단의 기억장치를 활용해야 합니다.

Q8

회의의 결과물로 가장 중요하게 작성되어야 하는 것은 '회의록'이다. No!

회의록보다 중요한 것은 실행계획서입니다. 이 회의가 끝나면 각 참여자들이 무엇을, 어떻게, 언제까지 해야 하는지가 명확해야 합니다. 회의록이 불필요하다는 것은 아니지만, 결과물로 가장 중요한 것은 실행계획서입니다.

Q7

회의에 많이 참여하지 않는 구성원이 있다면 그 구성원을 지목해서 질문하는 것이 좋다. No!

지목 질문은 공격적인 질문입니다. 질문을 받은 구성원은 당황하게 되며 설익은 답변을 내놓게 됩니다. 누군가가 지목을 당하는 순간 다른 참여자들은 자신의 차례가 언제 올지 긴장하게 됩니다. 지목 질문보다 전체에게 질문을 던지는 것이 필요합니다.

Q9

서로 불편하지 않기 위해서는 반대 의견을 제시하거나 논쟁을 하지 않는 것이 좋다. No!

회의에서는 '심리적 안전감'이 필요합니다. 참여자나 리더 모두 어떤 의견도 편안하게 말할 수 있는 상태가 되어야 합니다. 특히나, 참여자들이 리더의 의견에 반대 의견을 낼 수 있는 문화가 필요합니다. 최선의 결정을 위해서는 갈등은 필수적인 것이 되어야 합니다.

Q10

회의에서 논의가 잘 이뤄지려면 "OOO의 의견에 어떻게 생각하시나요?"라고 계속 물어야 한다. No!

회의를 이끄는 사람은 발언자보다 발언에 집중할 수 있도록 해야 합니다. 발언자를 지칭하는 표현을 빼고 "~~~해야 한다는 의견에 어떻게 생각하시나요?"라고 묻는 것이 좋습니다. 회의에서 나오는 의견에는 항상 꼬리표가 따라붙습니다. 회의를 이끄는 사람은 의도적으로 그 꼬리표를 잘라 의견들만 서로 교환될 수 있도록 해야 합니다.

— CONTENTS —

1장

그룹의 대화를 점검하라

우리 그룹의 대화가 엉망진창일까?

우리는 그룹의 대화를 원활하게 만들어야만 합니다. 그래야 그룹에서 좋은 성과가 나오고, 내 일에 대한 자부심도 느낄 수 있을 겁니다. 그러니 지금까지 그룹의 대화가 엉망진창의 노선을 달리고 있었다면, 이제는 노선을 바꿔야 할 때입니다. 노선을 바꾸기 위해서는 그룹의 대화를 이끄는 대화를 할 수 있어야 합니다. 그 첫 번째 준비 과정이 바로 뒤를 돌아보는 것입니다. 운전을 할 때 노선을 바꾸기 전에 백미러를 통해 뒤를 잘 살펴야 하는 것과 마찬가지죠. 우리의 대화가 어떤 모습이었는지, 우리가 왜 노선을 바꾸려고 하는지를 가장 먼저 알아야 합니다.

한번 생각해 보세요. 그간 우리가 경험했던 그룹의 대화가 어땠는지를 말입니다. 조심스럽게 예측해 보자면, 좋은 기억을 가진 분들은 별로 없을 거라 생각합니다. 일반적으로 '회의'라는 두 글자를 들었을 때 사람들은 보통 부정적인 단어들을 떠올리게 됩니다. 무의미함, 시간 낭비, 지겨움, 답답함, 강압적, 일방적 등과 같은 단어들이죠. 사실 그룹의 대화에 대해 긍정적인 기억을 가진 사람을 찾기란 정말 어려울 겁니다. 가까운 동료들에게 한번 물어보세요. 아마도 그룹의 대화를 좋은 경험이라 생각하는 사람이 별로 없다는 사실에 여러분도 저처럼 놀라게 되실 겁니다.

사람들이 그룹의 대화인 회의를 나쁘게 인식하고 있다는 것만이 문제는 아닙니다. 더 큰 문제는 실제로 나쁜 인식이 나쁜 결과를 초래하고, 나쁜 결과는 다시 나쁜 인식을 만들어내는 악순환이 반복되고 있다는 사실입니다. 회의와 관련된 여러 통계 결과를 보면 이 사실을 명확히 확인할 수 있습니다.

- 직장인의 71%는 '회의가 비생산적이다'라고 답변
- 직장인의 47%는 '회의 시간이 가장 쓸데없는 시간이다'라고 답변
- 직장인의 67%는 '회의로 인해 생산적인 업무 활동에 방해를 받는다'고 답변
- 회의 참석자 가운데 92%가 '회의 중 틈틈이 다른 업무를 처리한다'고 답변
- 직장인들은 비효율적인 회의로 인해 매달 평균 31시간 낭비

*Timely, 2021 & Doodle Inc, 2019

2017년도에는 대한상공회의소가 국내 상장기업에서 일하

는 직장인 1천 명을 대상으로 재미난 설문을 진행하기도 했습니다. 회의에 대한 인식, 경험 등을 조사한 것입니다. 조사 결과의 핵심은 두 가지입니다.

첫째, 국내의 많은 조직이 '회의중독증'에 시달리고 있다.

둘째, 국내 조직의 회의 문화 점수는 절반에 미치지 못하는 45점이다.

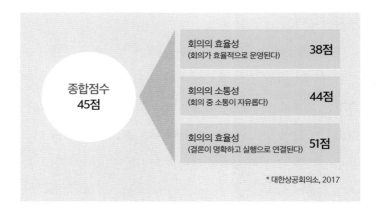

효율성, 소통성, 성과 측면에서 점수를 매겨 봤더니 각각 38점, 44점, 51점이었습니다. 이 정도의 점수라면 회의를 하지 않는 것이 오히려 더 좋아 보입니다. 조사 결과를 좀 더 구체적으로 살펴보겠습니다.

- 우리나라 직장인 평균 1주일에 3.7회 회의 참석
- 전체 회의 중 48.6%는 불필요한 회의였다고 답변
- 회의 당 평균 참석 인원 8.9명
- 참석 인원 중 2.8명은 참석 자체가 불필요했다고 답변
- 회의 시간 평균 51분
- 회의 시간 중 15.8분(31%)을 낭비되는 시간으로 여김
- 상장 기업의 경우, 일주일에 8,411시간, 해마다 44만 시간을 회의 때문에 낭비하는 것으로 파악됨

44만 시간이 의미 없이 버려진다는 사실, 받아들이기 쉽지 않죠? 이익 창출과 비용 절감을 중시하는 기업의 입장에서 본다면 엄청난 기회비용을 버리는 것과도 같을 겁니다. 근로 시간이 점점 더 단축되고 있는 상황에서는 시간 허비가 곧 기업의 이윤과도 연결될 수 있기에 더욱 크게 느껴질 것이 분명합니다. 우리에게는 더 이상 회의에 낭비할 시간이 없습니다.

이제 한번 상상해 보세요. 만약 여러분이 한 조직을 운영하는 경영진이라고 가정해 보는 겁니다. 위 조사 결과를 본다면 어떨 것 같으세요? 아마도 굉장히 골치가 아플 겁니다. 조사 결과에 나오는 통계치가 허상의 수치가 아니라 실제로 나의 조직 안에서도 발견되는 문제점이라는 것을 부정할 수 없기 때문이죠. 그래서 대부분의 대기업들은 고민합니다.

　조직 차원에서 그룹의 대화인 '회의'는 중요하게 다뤄져야 하는 이슈입니다. 그렇기 때문에 거의 모든 기업이 회의 문화와 방식을 바꾸기 위해 고민하고 있지만, 아무래도 쉽지가 않죠. 그러다 보니 위의 두 가지 고민은 기업들에게 오랫동안 풀리지 않는 숙제로 남아 있습니다. 어쩌면 조직에 있어 회의란 다음과 같은 존재일지도 모릅니다.

　그룹의 대화는 해도 문제,

　안 해도 문제인 골칫거리다.

　그렇다면 조직의 회의를 변화시키고자 노력해야 할 텐데요. 조직 차원에서 필요한 노력이 무엇인지는 "5장 그룹의 대화를 조직과 '함께' 변화시켜라"에서 다뤄 보도록 하겠습니다. 이번엔 관점을 조금 좁혀서 구성원인 개개인의 관점으로 회의를 살펴보겠습니다. 아마도 많은 분들이 '이 문제가 대체 나랑 무슨 상관이 있지?'라고 생각하실지도 모릅니다. 그러나 결코 그렇지 않죠.

놀랍게도 한 사람이 회의로 인해 느끼는 불만족감, 피곤함, 스트레스를 시간으로 환산해 보면 조금 더 실감나는 수치를 확인할 수 있습니다. 예를 들어서, 우리가 평생 근무하는 시간 중에서 회의에 사용하는 시간을 대략적으로 한번 계산해 보겠습니다.

필자의 컨설팅 경험을 돌아보면 대개 일반 직원은 4~9시간을, 리더는 10~18시간을, 임원 및 경영층은 25~30시간을 매주 회의에 할애한다는 것을 알 수 있었습니다. 직급이나 직책이 올라갈수록 회의 시간이 증가하는 이유는 회사 내에서 자신의 위치가 올라갈수록 더 많은 회의에 참여하게 되고, 그만큼 더 많은 시간을 할애하게 되는 것이 보편적이기 때문입니다. 경영학자 헨리 민츠버그(Henry Mintzberg)에 의하면, 미국의 CEO들은 하루 평균 8회, 일과의 약 70%까지도 회의에 할애한다고 합니다.

즉, 우리가 30년 동안 일을 한다고 가정했을 때, 한 개인이 평균적으로 회의에 참여하는 시간은 아래와 같습니다.

- 10년 차까지 일주일에 최소 4시간씩 총 2,000 시간
- 11년 차부터 25년 차까지 일주일에 최소 10시간씩 총 7,500 시간
- 25년 차부터 30년 차까지는 일주일에 최소 25시간씩 총 7,250 시간
→ 30년동안 회의에 참여하는 시간 약 1.7만 시간

보수적으로 계산해 보더라도 30년간 회의에 참여하는 시간이 최소 1.5만 시간입니다. 평생의 전체 노동 시간이 평균적으로 7.5만 시간인 것을 감안하면 1.5만 시간은 전체 노동 시간의 20%를 차지하는 시간입니다.

여기서 우리가 주목해야 하는 것은 바로 '20%'라는 비율입니다. 이는 사람의 인생에서 수면 시간이 차지하는 비율과도 같습니다. 우리가 평생 일을 하면서 경험하는 회의 시간의 비율과 평생 살아가면서 취하는 수면 시간의 비율이 동일하다는 것입니다.

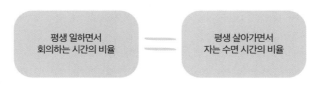

우리는 매일 일터에 출근해 적어도 한 번은 그룹으로 대화를 합니다. 그런데 이 한 번의 경험이 부정적인 경험이 된다면 어떨까요? 한 번의 회의 때문에 스트레스를 받는다면 어떨까요? 한 번의 회의 때문에 나의 일에 몰입할 수 없게 된다면 어떨까요? 그 사람은 이 한 번의 회의로 인해 매일 지독한 악몽을 꾸는 듯한 느낌을 받을 수도 있습니다. 실제로 누군가는 회의로 인해 매일 악몽을 꾸고 있을지도 모릅니다.

매일같이 악몽에 시달리는 사람의 하루가 과연 괜찮을까요? 명확히 말씀드릴 수 있습니다. 저라면 살 수 없습니다. 너무 괴로울 것 같습니다. 그렇다면, 회의에 시달린 사람의 하루는 어떨까요? 답은 우리 모두가 이미 알고 있습니다. 매일 악몽을 꾸는 사람의 그것과 다르지 않다는 것을 말입니다. 그리고 어쩌면 우리 모두는 이미 한 번쯤 비슷한 경험을 한 적이 있을 겁니다. 앞서 회의가 개인에게 미치는 영향력을 수치로 확인했듯이 회의는 결코 조직의 문제로 치부돼서는 안 됩니다. 우리 개개인의 직장 생활을 좌지우지할 수 있는 문제입니다.

당신이 직장인이라면, 매일 악몽과도 같은 하루를 보내지 않으시길 바랍니다. 그러기 위해서는 회의 문화가 바뀌는 것이 급선무인데, 누군가가 혹은 조직이 당신이 속한 조직의 회의 문화를 바꿔 줄 거라고 기대해서는 안 됩니다. 기다리지 마세요. 분명 내가 할 수 있는 일이 있습니다. 내가 속한 그룹의 대화만이라도 조금씩 바꿔 나가면 됩니다. 누가 대신해 주길 바라지 말고 내가 그룹의 대화를 이끌면 됩니다. 그러면 나뿐만 아니라 다른 사람들도 악몽을 꾸지 않아도 됩니다. 나를 위한 일이고, 나아가 조직을 위한 일입니다. 개개인이 조금씩이나마 좋은 방향으로 바꿔 나가려고 하는 그룹이라면 언젠가는 반드시 좋은 회의 문화를 기대할 수 있기 때문입니다.

지금까지 우리는 우리가 경험하고 있는 그룹의 대화가 어떤 모습인지 돌아보고, 그룹의 더 나은 대화를 위해 왜 노선을 바꿔야 하는지 살펴봤습니다. 여기서 이런 질문을 던져 보겠습니다.

"여러분은 지금,
여러분이 속한 그룹의 대화에 만족하고 있나요?"

회의에 회의적인 사람들

앞서 우리 그룹의 대화가 얼마나 엉망진창인지 살펴봤습니다. 이번에는 사람들이 왜 '회의'에 '회의적'인지 살펴보겠습니다.

사람들이 현재의 회의에 회의적인 이유는 무엇일까요? 저에게는 최근 몇 년간 다양한 형태의 회의를 지켜볼 기회가 있었습니다. 회의 문화를 모니터링하고 진단하고 컨설팅하는 과정에서 알게 된 사실은 '회의가 회의답지 않았다'는 점이었습니다. 어쩌면 '회의답지 않다'는 말 자체가 잘못된 것일지도 모릅니다. 우리가 으레 '회의'라고 부르는 그것이 애당초 회의가 아니었을 가능성이 높기 때문입니다.

실제로 많은 조직의 회의를 들여다보면 대부분 일방적인 모습을 하고 있습니다. 말하는 사람은 일부고, 그 외의 참석자들은 계속 듣기만 합니다. 그러니 말이 끝난다 해도 그 어떤 의견도 덧붙여지지 않습니다. 어쩌다 누군가 말을 하면 도중에 직급이나 직책이 높은 사람이 갑자기 본인이 궁금한 것을 확인하거나 지시를 내리는 형태입니다. 이것이 무한 반복됩니다. 이건 회의가 아닙니다. 이건 회의의 탈을 쓴 '가짜회의'입니다.

가짜회의에 대한 경험이 반복되면 사람들은 무기력해집니다. 회의에 대한 기대감이 사라지는 겁니다. 그룹의 대화는 생산적인 대화가 아닌 불편한 대화가 됩니다. 반복되는 이런 회의에 회의감을 느끼게 되는 것은 어쩌면 당연한 일입니다.

잡코리아의 직장인 대상 설문 조사 결과를 보면 이러한 악순환이 반복되고 있다는 것을 좀 더 명확히 확인할 수 있습니다. 참여자들은 회의에 만족하는 이유와 만족하지 않는 주된 이유를 다음과 같이 꼽았습니다.

회의에 만족하는 이유	회의에 만족하지 않는 이유
- 자유로운 분위기에서 다양한 의견을 낼 수 있다. - 제시간에 회의가 끝난다. - 꼭 필요할 때만 회의를 한다. - 사전에 회의 주제, 목적 등이 잘 공유된다.	- 리더의 얘기를 듣기만 하는 수직적인 회의가 많다. - 결과 없이 흐지부지 끝날 때가 많다. - 회의의 진행이나 구성이 비효율적이다.

여기서 우리가 기억해야 하는 것은 회의에 만족하는 이유와 만족하지 않는 이유가 아닙니다. 진짜회의에 가까운 그룹의 대화라면 사람들은 충분히 만족한다는 사실입니다. 즉, 사람들이 회의에 회의적인 이유는 '회의'가 아니라 '가짜회의'에 있었던 겁니다.

그렇다면 도대체 '가짜회의'란 무엇일까요? 지금까지 조사하고 경험한 가짜회의는 다음과 같은 모습을 보였습니다. 내가 속해 있는 그룹의 대화가 가짜회의에 가까운 것은 아닌지 가짜회의 체크리스트를 통해 확인해 보세요.

| 가짜회의 체크리스트 |

체크리스트	Yes / No
1. 회의에 참석해야 하는 사람이 참석하지 않는다.	
2. 필요한 의사 결정권자가 없다.	
3. 쓸데없이 회의에 참석하는 불필요한 참석자가 많다.	
4. 늦게 참석하거나 더 중요한 일이 있다며 중간에 자리를 떠나는 사람이 많다.	
5. 참석자들이 회의에 집중을 하지 않는다. (핸드폰, 전화 통화 등)	
6. 회의 준비를 위한 회의가 있고 또 그 회의를 검토하기 위한 회의를 한다.	
7. 제대로 회의를 준비할 시간을 주지 않고 촉박하게 회의를 개최한다.	
8. 불필요함에도 불구하고 관습적인 정기 회의를 진행한다.	
9. 회의가 너무 잦아, 회의 때문에 야근을 하게 된다.	

10. 사전 준비 없이 회의에 참석하는 사람들이 많다.	
11. 회의의 정확한 배경과 목적이 불투명하다.	
12. 회의 안건이 명확하지 않다.	
13. 회의 참석자들이 미리 안건을 파악하지 않고 모인다.	
14. 주제와 벗어난 관련 없는 말들을 많이 한다.	
15. 회의가 한 사람 혹은 특정 몇 사람에 의해 주도된다.	
16. 참석자들의 발언 점유율이 균등하지 않다.	
17. 리더 혼자 북 치고 장구 치며 회의를 독점한다.	
18. 인신공격과 같은 비난이 오간다.	
19. 서로 책임을 추궁하거나 떠넘기기 바쁘다.	
20. 반대 의견을 제시하지 않고 모두가 너무 쉽게 동의한다.	
21. 저마다 자료를 띄워 놓고 설명하고, 전원이 멍하니 듣고만 있다.	
22. 일방적으로 지시 사항을 전달하는 (답정너)회의이다.	
23. 서로 내용만 공유하고 회의가 끝난다.	
24. 1 대 1로 협의해야 하는 사항을 전체 회의에서 논의한다.	
25. 회의록이 작성되지 않거나, 작성되더라도 실행 계획이 명확하지 않다.	
26. 회의 결론을 Follow-up하는 사람이 없다.	
27. 회의가 길고 성취되는 것이 너무 적다 .	
28. 지난 회의에서 했던 논쟁을 되풀이한다.	
29. 어떤 결과도 도출해 내지 못한다.	
30. 참석하지 않은 제삼자의 확인이 필요한 경우가 많아 결론을 내지 못한다.	

위 체크리스트를 통해서 우리 그룹의 대화가 '가짜회의'의 문제점을 얼마나 가지고 있는지 간단하게 확인해 볼 수 있습니다. 체크된 항목이 10개 이상이라면 '가짜회의'에 더 가까운 그룹의 대화를 경험하고 계실 가능성이 큽니다. 때에 따라서는 하나의 항목만으로도 그룹의 대화에 큰 영향을 미칠 수도 있습니다.

이번에는 조금 더 구체적으로 가짜회의의 모습을 확인해 보겠습니다. 아래 내용은 한 회사의 회의 모니터링과 피드백 세션을 통해 정리한 가짜회의의 현상입니다. 실제 조직의 그룹의 대화가 구체적으로 어떤 형태의 문제를 가지고 있는지 살펴볼 수 있습니다.

1. 회의의 목적과 목표에 대한 설명 없이 회의를 시작합니다.
"회의를 왜 하게 되었다. 무엇을 얻으려고 한다."를 명확하게 제시하지 않고 출발합니다. 기존에 하던 대로 주간 단위 업무 진척 사항을 확인하고자 하는 것이 목적인 경우가 많습니다.

2. 준비 없이 들어온 참석자가 있습니다.
"우리 지난번에 뭘 논의하기로 했죠? 기억나는 사람 없어요? 아무도 대답이 없네. 그럼 오늘도 내가 알아서 진행할게요."라고 하고는 혼자서 묻고 답변하는 형태로 회의가 진행됩니다. 참석자가 적극적으로 호응하지 않으면 제대로 된 회의라고 할 수 없겠죠.

3. 발언 점유율이 한쪽으로 치우쳐져 있습니다.
이 경우, 자신의 발언 순서가 아님에도 불구하고 다른 사람의 발언 도중에 '됐고', '그러니까 다 알고 있고', '지난번에 하던 얘기랑 똑같네요…', '결론이 뭔데…' 등의 말을 하면서 갑자기 흐름을 끊어 버리는 경우가 자주 발생합니다.

4. 회의 집중도가 낮은 참여자가 여러 명 있습니다.
휴대폰을 보거나, 노트북으로 업무 처리를 하거나, 딴짓(심지어 졸고 있는 행동)을 하는 경우가 있습니다. 실제로 한 회사의 회의 관찰 도중에 1시간의 회의 시간 동안 80%에 달하는 시간인 50분 정도를 내내 휴대폰만 보는 참석자도 있었습니다. 참석자가 회의에 참여를 하든 말든 상관 않고, 별 제재 없이 회의를 진행한다는 것입니다.

5. 무한 루프에 빠진 회의입니다
이전 회의 이후로 상황이 전혀 진전되지 않은 상태에서 회의를 진행하는 경우입니다. 이 경우, 이전 회의에서 지시/지적된 사항에 대해 반복적으로 문제 제기만 하게 됩니다.

6. 부정어의 사용이 많지 않지만 긍정적 언어의 사용 빈도도 높지 않습니다.
전반적으로 회의에서 격려, 인정, 칭찬 등의 행동이나 말이 없습니다. 약간의 농담 정도뿐입니다.

7. 발언 없이 앉아서 듣고만 있는 참석자 있습니다. (휴대폰 사용, 졸음 등)
한마디도 하지 않은 참석자는 어쩌면 애당초 참석 자체가 필요 없는 인원일 수 있습니다.

8. 회의의 주제를 벗어나는 즉흥적인 숙제를 잔뜩 안기고 회의가 끝나는 경우가 있습니다.
초점이 없는 즉흥적인 대화와 의견 교환은 참석자로 하여금 방향성을 잃게 만들어 결국 실행력을 떨어뜨립니다.

9. 회의 종료 후, 리뷰가 없고 결론 명확성도 높지 않습니다.
마지막 안건에 대한 논의가 끝나면 '그래도 다들 수고했어요' 정도로 끝나는 경우가 있습니다.

가짜회의 체크리스트와 실제로 한 회사의 가짜회의 모습을 보면 알 수 있듯이 가짜회의의 모습은 아주 다양합니다. 다양한 복합적인 현상들과 문제가 '가짜회의'를 만든다고 볼 수 있습니다.

그러나 우리가 가짜회의를 지양하고자 가짜회의의 모든 모습을 기억해야 하는 것은 아닙니다. 가장 중요한 것은 가짜회의에는 두 가지가 없다는 사실입니다.

　가짜회의에는 공통적으로 질서와 소통이 없다.

첫째, 가짜회의에는 질서가 없습니다. 가짜회의에는 지켜야 하는 규칙과 약속이 없습니다. 있다고 하더라도 명목뿐인 경우가 대부분입니다. 물론 특정 규칙이 있어야 한다는 획일화된 정답은 없지만 적어도 조직의 회의가 어떤 질서에 의해 흘러가야 하는지 그 조직만의 합의된 회의 규율이 있어야 합니다. 우리 조직에 맞는 올바른 회의 모습은 무엇인지 진짜회의에 대한 명확한 정의나 인식이 있어야 합니다. 질서와 규율이 있는 회의에 대해서만 우리는 올바른 회의 문화가 잡혀 있다고 말할 수 있기 때문입니다.

　질서가 없다면 규칙을 만들어 문제를 바로잡으면 됩니다. 하지만 다음의 문제점이 존재하는 한 회의 문화를 바로잡기가 어려워집니다.

둘째, 가짜회의에는 소통이 없습니다. 두 번째 문제점은 '불통즉통(不通則痛)'으로 표현될 수 있습니다. 이 말은 동의보감에 나오는 한방 용어로, 기가 원활하게 흐르지 않으면 몸이 아픈 것을 의미합니다. 일상생활에서는 "소통이 안 되면 고통이 온다"라는 의미로 빗대어 사용되는 표현이기도 합니다. 그만큼 우리가 살아가는 데 있어서 소통이 중요하다는 의미일 텐데요. 가짜회의 역시 부족한 소통으로 인해 발생하는 경우가 많습니다.

회의의 사전적 의미는 '여럿이 모여 의견을 나누는 행위'로 정의되어 있습니다. 하지만, 우리의 회의에는 여러 사람이 모이는 모임은 있지만 소통이 없습니다. 직급에 상관없이 수평적인 관계에서 서로의 의견을 나누고 소통할 수 있어야 하지만 그렇지 못한 것이 우리 회의의 슬픈 현실입니다. 아무리 깨끗한 물이라도 흐르지 못하면 결국 썩어 그 가치를 잃습니다. 회의도 마찬가지입니다. 회의에 참석한 개개인이 아무리 좋은 의견을 가지고 있다 하더라도 '소통'을 통해 사람 간에 원활하게 흐르지 못하면 결국 가치 없는 것이 되어 버립니다. 그렇기 때문에 소통을 통해 서로의 의견을 잘 나눌 수 있어야만 합니다.

사실 그룹의 대화에서 소통이란 단지 듣고 말하는 문제만을 의미하지는 않습니다. 그룹에서 소통은 곧 관계의 문제이자 조직 문화의 문제일 수도 있기 때문입니다. 우리는 회의 모습을 통해 그 조직의 문화를 엿볼 수 있습니다. 조직의 사람들이 누군가를 이끄는 방식, 커뮤니케이션하는 방식, 의사 결정하

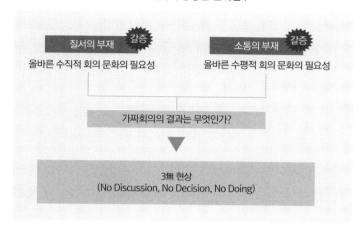

| 가짜회의의 공통된 문제점 |

지금까지 살펴본 것처럼 가짜회의의 공통적인 문제는 질서
는 방식, 피드백하는 방식, 협업하는 방식 등을 알 수 있죠. 즉,
회의는 조직의 축소판과도 같습니다. 결국 회의 문화를 바꾼
다는 것은 소통을 원활하게 만드는 것에 그치는 것이 아니라
조직 전체의 문화를 바꾸는 것이기도 하기 때문에 가짜회의를
진짜회의로 바꾸기가 어려운 것입니다.

지금까지 살펴본 것처럼 가짜회의의 공통적인 문제는 질서
와 소통의 부재에 있습니다. 따라서 우리의 회의는 질서 측면
에서 올바른 수직적 회의 문화가, 소통 측면에서는 올바른 수
평적 회의 문화가 형성되어 있어야 합니다.

질서와 소통이 없다면 참여자들은 수직적, 수평적 회의 문

화의 필요성을 느끼게 되고, 그 회의는 가짜회의에 가까워질 확률이 높습니다. 그리고 그 결과는 참혹할 겁니다. 회의에서 가장 중요한 세 가지인 논의, 결정, 실행이 행해지지 않아 의미 없는 시간을 보내게 되기 때문입니다. 회의는 하되 논의는 없고, 논의는 하되 결정은 없으며, 결정은 하되 실행과 책임은 없는 것을 말합니다. 이와 같은 3無 현상이 지속되면 구성원들은 더 이상 회의에서 의견을 나눌 수 없게 되고, 회의는 그저 일방적인 정보 전달 창구로만 전락해 버릴 겁니다. 구성원들이 회의에 회의적인 분위기가 형성되는 겁니다. 혹시 우리 그룹의 대화가 이미 이런 모습을 하고 있지는 않은지 점검해 봐야 할 때입니다. 이제는 이러한 가짜회의의 모습에서 벗어나 진짜회의로 변화해야 합니다.

2장

그룹의 대화를
디자인하라

진짜회의의 네 가지 필수 요소

앞에서는 가짜회의 모습에 가까운 그룹의 대화를 살펴봤습니다. 그러나 우리가 그룹의 대화를 이끌기 위해서는 진짜회의에 대한 명확한 그림을 가지고 있어야 합니다. 적어도 내가 이끄는 대화가 어떤 모습으로 흘러가야 하는지 그 끝 그림을 제대로 그릴 수 있어야 그룹의 대화를 준비하고 디자인할 수 있습니다. 또 대화를 이끌면서도 우리 그룹의 대화가 잘 흘러가고 있는지 수시로 점검할 수 있게 됩니다. 그렇다면 진짜회의에 가까운 그룹의 대화에는 어떤 것들이 있을까요?

올바른 그룹의 대화에는 회/의/결/행이 있습니다.

진짜회의에 대한 명확한 그림을 가지기 위해서 기억해야 하

는 것은 '회의결행(會議結行)'입니다. 진짜회의에는 회의결행이
있습니다.

회(會): 혼자 하지 않고 올바르게 모이는 일
의(議): 모이지만 않고 의견을 나누는 일
결(結): 의견만 나누지 않고 결론을 내리는 일
행(行) : 결론만 내지 않고 실행으로 옮기는 일

그룹의 대화를 이끄는 사람이라면 이 4가지 요소를 기준으
로 삼아 그룹의 대화를 디자인해야 합니다. 또 다음과 같은 관
점에서 내가 이끄는 그룹의 대화를 바라보고 점검할 수 있어
야 합니다.

여러분의 그룹의 대화는 참석자들이 올바르게 준비해서 모이나요?
여러분의 그룹의 대화는 의견이 올바르게 교환되고 있나요?
여러분의 그룹의 대화는 올바른 결론을 내리고 있나요?
여러분의 그룹의 대화는 실행으로 이어지고 있나요?

올바르게 모이고, 의견을 나누고, 결론을 내리고, 실행으로
옮기는 것이 올바른 그룹의 대화입니다. 우리가 이끌고자 하

는 대화가 바로 이런 대화입니다. 회의결행이 있는 그룹의 대화를 위해서는 촘촘한 설계를 통해 그룹의 대화를 디자인해야 합니다. 그래야 그룹의 대화를 통해 개인의 현명함을 집단의 현명함으로 만들어 나갈 수 있고, 나아가 집단 지성의 달콤함까지 맛볼 수 있게 됩니다. 회의 관련 교육이 끝나면 제가 학습자에게 가장 많이 듣는 말이 있습니다.

"회의를 할 때 신경 써야 하는 것이 이렇게나 많은 줄 몰랐습니다."

맞습니다. 그룹의 대화를 진짜회의의 모습대로 이끌려면 생각보다 많은 고민과 준비가 필요합니다. 그래서 그룹의 대화를 디자인하는 연습이 필요합니다. 매일 행해지는 실제 회의의 순간들이 모여 더 나은 회의로 나아가기 위한 발걸음이 되어야 합니다. 그렇기 때문에 매 회의 전, 중, 후로 진짜회의를 위해 끊임없이 고민해 보시길 바랍니다.

진짜 회의를 위한 마인드셋

그룹의 대화에는 기초 공사가 필요합니다. 기초 공사를 한다는 것은 대화를 계획하고 준비하는 것을 의미합니다. 여러분들이 꼭 기억해 주셔야 하는 것이 있습니다.

준비하지 않은 그룹의 대화는 실패할 수밖에 없다.

회의는 집단이 형성되고 만들어진 가장 오래된 소통 수단입니다. 또한, 회의는 일의 시작점이자 과정이며 종착점이기도 합니다. 그래서 우리는 수없이 회의합니다. 회의한다는 것은 우리에게 너무나 익숙한 하나의 일상입니다. 그러나 너무나 익숙하기에 오히려 미숙한 것이 회의이기도 합니다. 때로는 무분별하게, 때로는 아무런 준비 없이 당연하게 회의를 엽니다.

비행기가 이륙할 때 연료의 50%를 쓰듯이 회의를 시작하기 전에 우리도 에너지를 사용해야 합니다. 준비 없이 시작한 회의는 실패할 수밖에 없기 때문입니다. 소중한 대상과의 대화일수록, 가치 있는 시간일수록 우리는 그 시간을 준비하게 됩니다. 회의도 마찬가지죠. 개인의 현명함을 집단의 현명함으로 이끌기 위해서는 사전에 그룹의 대화를 촘촘히 설계하고 계획하는 것이 중요합니다.

그러나 일반 직장인에게 있어 그룹의 대화를 준비하고 디자인하는 것은 익숙한 일이 아닙니다. 우리는 개인 플레이어로서 주로 1 대 1 커뮤니케이션을 많이 합니다. 1 대 1 커뮤니케이션과 보고 혹은 발표는 내가 얼마나 말을 잘하는가의 문제입니다. 내가 잘 전달하기만 하면 문제가 발생하지 않습니다. 하지만 문제는 다수를 대상으로 무언가를 설득하거나 보고해야 할 때입니다. 그룹의 대화는 내가 말을 잘한다고 해서 성공할 수 있는 대화가 아닙니다. 말을 잘하는 것과 그룹의 대화를 이끄는 것은 다른 차원의 이야기입니다.

내가 어느 그룹의 대화를 이끌어서 사람들의 생각을 모으고 결과물을 내야 하는 상황이라고 상상해 보세요. 어디서부터 시작해야 하는지 막막할 수 있습니다. 실제로 20년간 일을 해 온 분들도 회의를 어떻게 준비하고 계획해야 할지 몰라 종일 고민하는 모습을 많이 봐 왔습니다.

　이때는 그룹의 대화를 위한 기초 공사가 필요합니다. 그룹의 대화를 준비하는 기초 공사는 두 가지 마인드셋의 전환에서 출발합니다.

| 기초 공사를 위한 두 가지 관점의 전환 |

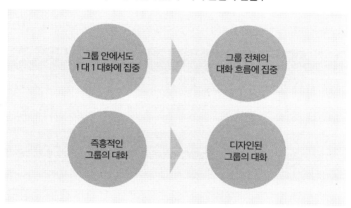

　첫째, 1 대 1 대화가 아닌 그룹 전체의 대화 흐름을 생각해야 합니다. 나의 사고가 개인의 대화에서 그룹의 대화 중심으로 전환될 때, 비로소 내가 다른 사람들을 어떤 흐름으로 이끌어야 할지 파악할 수 있습니다. 누가 어떤 의견을 낼지, 어떤 의견이 오갈지는 중요한 문제가 아닙니다. 그룹의 대화를 이끌어야 할 때는 좀 더 큰 틀을 보고 그룹의 대화가 어떤 식으로 흘러

가는 것이 적합할지 고민해야 합니다. 실제로 그룹의 대화를 진행할 때도 개개인의 발언을 이해하는 데에 치중하기보단 그룹 전체의 대화 흐름을 파악하는 데 집중해야 합니다.

둘째, 즉흥적인 그룹의 대화를 촘촘히 디자인된 그룹의 대화로 바꿔야 합니다. 우리의 그룹의 대화는 즉흥적일 때가 많습니다. 물론 회의 계획서를 작성하는 조직을 많이 봐 왔습니다. 하지만 그 계획서 안에는 '누가, 언제, 어디서 만나서 어떤 안건에 대해서 대화를 나누겠다' 정도의 정보밖에 없습니다. 참여자의 입장에서는 이 정도 정보만으로도 회의가 무리 없이 진행되겠다는 생각이 들 겁니다. 하지만 내가 대화를 이끌어야 하는 사람이라면 이 정도 정보만으로는 부족합니다.

어떻게 대화를 시작하고, 분위기를 형성하고, 의견을 교환하게 만들고, 합의에 이르게 만들 것인지 등에 대한 고민이 추가적으로 필요합니다. 쉽게 말해 그룹의 대화를 잘 이끌기 위한 '나만의 청사진'이 필요한 겁니다. 회의 전에 미리 청사진을 그려 뒀다면, 회의를 하는 내내 청사진의 도움을 받을 수 있게 됩니다. 반면, 준비되지 않은 그룹의 대화에서는 의지할 곳이 많지 않습니다.

진짜회의를 위한 준비: 명확성을 확보하라

이제 앞에서 강조한 두 가지 관점을 바탕으로 진짜회의에 가까운 그룹의 대화를 디자인해 보겠습니다. 잘 디자인된 그룹의 대화는 사람들을 초대하고 모으는 준비 단계에서부터 다릅니다. 여러분이 기억해 주셔야 하는 핵심은 이겁니다.

> 그룹의 대화를 이끄는 사람은 사람들이 명확성을 가지고
> 대화에 참여할 수 있도록 대화를 준비하고 사람들을
> 초대한다.

질 높은 그룹의 대화는 명확성을 가지고 출발합니다. 그렇기 때문에 그룹의 대화를 준비할 때 첫 번째로 해야 할 일은 바로 명확성을 확보하는 것입니다.

그룹의 대화를 이끄는 사람으로서 다음 여섯 가지 항목에
대한 답을 사전에 명확히 정의 내려 보세요.

- 필요성
- 목적과 목표
- 안건
- 참석자
- 메타 결정
- 그라운드 룰

첫째, 이 그룹의 대화가 정말로 필요한지를 명확히 해야 합니다.
그룹의 대화가 진짜회의에 가까워지려면 불필요한 그룹의 대
화를 줄여 나가야 합니다. 그렇기 때문에 회의를 열기 전에 반
드시 이 회의가 정말 필요한지 다시 한번 확인함으로써 무분
별한 회의의 횟수를 줄이고자 노력해야 합니다. 이 회의는 정
말 유용한지, 참석자들에게 필요한 무언가를 제공하고 있는지
스스로에게 질문을 던져 보아야 합니다. 다음 페이지의 의사
결정 Logic Tree에 따라 개최 여부를 결정할 수도 있습니다.

둘째, 목적과 목표를 명확히 해야 합니다. 회의와 관련된 불만
사항을 조사할 때 늘 빠지지 않는 의견이 있습니다. 바로, 회

| 회의를 열어야 할까요? |

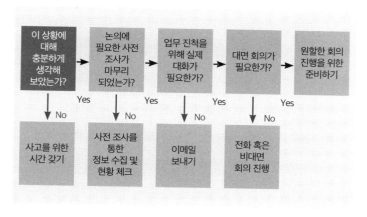

의의 목적과 목표가 명확하지 않다는 것입니다. 사실 그룹의 대화에서는 참석자들의 몰입을 이끌어 내 집중하게 만들어야 합니다. 그러기 위해서는 최대한 짧은 시간 안에 효율적으로 원하는 바를 달성할 필요가 있습니다. 이때 목적과 목표가 명확하다면 효율성을 높일 수 있습니다. 너무 뻔한 얘기라고 생각하시나요? 그런데 이렇게 뻔한 것을 실전에 적용하면 생각한 대로 흘러가지 않는 경우가 참 많습니다. 왜일까요?

실제로 회의뿐만 아니라 일 잘하는 직장인이 되기 위한 조언들을 살펴보면 목적과 목표에 관한 이야기가 많습니다. 여기서 중요한 것은 목적과 목표의 중요성을 아는 사람은 많지만, 목적과 목표를 명확히 구분해서 사고할 수 있는 사람은 그리 많지 않다는 것입니다. 여러분의 회의록에 작성된 목적과 목표를 살펴보세요. 내가 사람들을 그룹의 대화에 초대할 때 그 대화의 목적과 목표를 어떻게 설명하고 기술하고 있는지 생각해 보세요. 그렇다면 회의에 참석하는 사람들은 내가 정한 목적과 목표를 어떻게 받아들일까요?

저는 퀴즈를 통해 얼마나 많은 사람들이 목적과 목표를 구분하는지 확인합니다. 방식은 간단합니다. 사람들에게 가장 최근에 경험했던 혹은 진행했던 회의의 목적과 목표를 쪽지에 함께 작성해서 공유해 달라고 요청합니다. 그리고 모인 쪽지 중에서 무작위로 하나를 골라 두 문장 가운데 목적과 목표가 각각 어떤 것인지 사람들에게 공개적으로 물어봅니다. 퀴즈의 결과는 흥미롭습니다. 사람들은 목적과 목표를 완전히 정반대로 말하는 경우가 많습니다. 재미있는 상황도 펼쳐집니다. 사람들 중 절반은 첫 번째 문장이 '목적'이라고 하고, 나머지 절반은 두 번째 문장이 '목적'이라 하는 겁니다. 그러나 정답은 정해져 있죠. 작성자는 목적과 목표를 명확히 구분해서 저에게 공유해 주기 때문입니다.

퀴즈를 통해 확인할 수 있는 것이 한 가지 있습니다. 바로, 누군가가 명확하게 구분해 둔 목적과 목표도 다른 사람들이 볼 때는 전혀 다르게 받아들일 수 있다는 것이죠. 왜 이런 상황이 발생하는 걸까요? 이유는 사람들이 목적과 목표를 명확하게 구분 지어 사고하지 못하기 때문입니다. 제 경험상 사람들이 목적과 목표를 작성할 때 대부분 다음과 같은 오류를 범한다는 것을 알 수 있었습니다. 비슷한 내용을 조금 다르게 표현하거나 하나의 목표를 양분해서 하나는 목적에, 다른 하나는 목표에 작성하는 겁니다. 또는 목적과 목표를 바꿔도 크게 이상하지 않은 경우가 많았습니다. 그렇다면, 회의에 참여하는 사람들이 어떻게 하면 목적과 목표를 명확히 구분해서 인식하게 만들 수 있을까요?

목적과 목표를 명확히 하기 위해서는 역설적으로
'목적'과 '목표'라는 단어를 쓰지 않는 방법이 있습니다.

먼저, '목적'이란 단어를 사용하는 대신 "왜 모이려고 하는가?"라는 질문을 던지는 것이 좋습니다. 그리고 질문에 대한 답변으로 '회의 유형'을 정해야 합니다. 회의 유형에는 정보 공유, 이해관계 조정, 진척도 확인, 문제 해결, 아이디어 창출, 의사 결정, 업무 분배, 업무 조율, 실행 지원 등이 있습니다.
이것을 명확히 정하지 않으면 실제 대화가 오갈 때 표면적으로 드러나지는 않지만 개개인의 집중도가 다른 방향으로 흘

	회의 유형	내용
01	정보 공유 및 전달형	경영층이나 리더들이 구성원에게 자기 생각이나 정보를 전달하고 그에 대한 질문(구성원이 리더에게)을 받기 위해, 또는 새로운 정책이나 새로운 목표 등에 대한 정보를 단순히 전달하기 위해 개최
02	이해관계 조정형	조직 내부 혹은 조직과 조직간의 의견이 통일되어 있지 않은 경우, 하나의 목표나 과제 달성을 목표로 서로의 이견을 조율하기 위해 개회
03	진척도 확인형	주간 및 월간 단위의 실적, 계획, 이슈를 보고하고 질의응답 또는 지시/지침을 받기 위해 개최
04	문제해결형	조직 내외에서 어떤 문제가 발생했을 때 이에 대한 대책이나 해결을 위해 개최
05	아이디어 창출형	자료 또는 정보를 수집하거나, 새로운 아이디어 도출 및 참석자의 다양한 생각을 공유하여 더 좋은 아이디어를 만들기 위해 개최(의사 결정 회의의 예비 단계)
06	의사 결정형	새로운 제도나 상품 개발 전략 등의 수립 내용에 대한 최종 의견 조율 및 결정이 필요할 때 개최
07	업무 분배	목표를 달성하기 위해서 누가 어떤 업무를 담당해야 하는지 책임과 역할을 분배해야 할 때 개최
08	업무 조율	초기 분배된 업무를 재분배해야 하거나 새로운 과제가 발생해 업무 분배를 다시 전체적으로 조정해야 할 때 개최
09	실행 지원	필요한 자원이나 지원을 상호 확인하고 요청해야 할 때 개최

러갈 수도 있습니다. 누군가는 '업무 분배'에, 누군가는 '의사 결정'에, 누군가는 '아이디어 도출'에 집중하게 되는 것이죠. 이런 경우 그룹의 대화가 당연히 한 방향으로 나아가기 어렵 겠죠? 목적을 명확히 한다는 것은 바로 이런 겁니다. 대화에

참여한 모두의 에너지를 동일한 방향으로 모으는 것입니다.

"모두가 집중해야 하는 포인트가 바로 이겁니다!"라고 회의에 참여한 모든 사람들에게 알려 주는 것이죠.

회의 유형을 정했다면 다른 사람에게 이 목적을 서면으로 알려야 할 때도 유념해야 하는 사항이 있습니다. 먼저, 아래 두 가지 예시를 살펴보겠습니다.

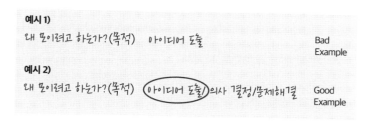

차이점이 보이시나요? 1개의 회의 유형만을 명시하는 것보다 두 번째 예시처럼 여러 개의 회의 유형을 리스트업하고 그중에서 사람들이 집중해야 하는 것을 명확히 표시하는 것이 더 좋습니다. 집중해야 하는 목적과 반대로 집중하지 않아야 하는 것을 동시에 강조함으로써 사람들에게 목적을 더 명확하게 전달할 수 있게 됩니다.

실제로 한 대기업에서는 같은 맥락의 방식을 문서에 활용하고 있습니다. 다음의 이미지를 보면, 문서의 첫 페이지 오른쪽

상단에 이 문서가 무엇을 위한 문서인지 명확하게 표시하는 공간이 있습니다. 이렇게 표시함으로써 문서의 첫 페이지만 보고도 누구나 명확하게 문서의 목적을 알 수 있도록 만드는 것입니다. 우리의 그룹의 대화도 마찬가지여야 합니다. 회의 시작 전부터 '회의 유형'을 명확하게 제시함으로써 누구나 이 그룹의 대화가 무엇을 위한 것인지 알 수 있게 해야 합니다.

회의문화 개선 프로젝트 보고서

20XX. XX. XX

담당부서: 조직문화 팀
담당자: 홍국주

●	의사 결정
○	정보전달
○	지사사항

'목적'이라는 단어를 버렸다면, 이제 '목표'를 버릴 차례입니다. '목표' 대신 '회의 종료 조건'이라고 쓰는 것이 좋습니다. 혹은 다음과 같은 두 질문을 사용할 수도 있습니다.

- 어떤 상태가 되면 회의를 성공적으로 종료할 수 있는가?
- 무엇을 얻고자 하는가?

그 다음엔 회의가 끝났을 때 무엇을 얻어야 하는지 회의의 끝 그림과 결과물을 구체적으로 작성해야 합니다. 누구나 딱 읽었을 때 이 회의가 성공적으로 종료되기 위해서는 무엇이 필요한지, 어떤 결과물이 도출되어야 하는지 알 수 있어야 합니다. 이때의 핵심은 최대한 구체적으로 작성하는 것입니다.

아래 예시를 한번 살펴보겠습니다. 예시는 실제로 한 아파트의 주민 대표 후보들이 작성한 공약 내용입니다. 여러분이 해당 아파트의 주민이라면 어떤 후보를 뽑으실 건가요?

A 후보의 공약	B 후보의 공약
• 미진한 아파트 하자 민원의 조속한 해결 노력 • 투명하고 공정한 운영 및 소통 • 밝고, 깨끗한 단지를 위한 환경 미화 실천 • 화목한 이웃, 살고 싶은 아파트 조성	• OO고속도로 차량 소음 방지벽 설치 추진 • 지상 차량 출입로 개선 • 공용 시설물 실용성 검토와 개선 • 단지 공용/세대별 하자 보수에 대한 시공사의 이행 여부 확인

저는 B 후보를 뽑았습니다. B 후보의 공약이 더 구체적이고 명확했기 때문입니다. 덕분에 저는 이 후보가 주민 대표가 된다면 어떤 일들을 할지 상상할 수 있었습니다. 반면 A 후보의 공약은 모호합니다. 좋은 일을 하겠다는 것은 알겠지만 추상

적입니다. 구체적으로 어떤 일을 하겠다는 것인지 그림이 그려지지 않습니다. 우리가 작성하는 회의의 목표도 이와 같아서는 안 됩니다. 누구나 읽었을 때 "아! 이런 결과물을 위해 대화를 하고자 하는 것이구나!" 느낄 수 있어야 합니다. 사람들의 머릿속에, "아! 이런 결과물이 나와야 우리가 제시간에 대화를 성공적으로 마무리할 수 있겠구나!"라고 명확하게 인식될 수 있어야 합니다.

| 목적과 목표 차이점 이해하기 |

목적	목표
왜 모이려고 하는가?	회의 종료 조건
• 정보 공유	
• 이해관계 조정	
• 진척도 확인	"어떤 상태가 되면
• 문제 해결	회의를 성공적으로
• 아이디어 창출	종료할 수 있는가?"
• 의사 결정	
• 업무 분배	"무엇을 얻고자 하는가?"
• 업무 조율	
• 실행 지원	

목적과 목표라는 단어를 버리면, 이렇게 목적과 목표를 명확히 구분해서 사고하고 작성하는 것이 가능해집니다. 구분해서 작성했다면 사전에 사람들에게 공지하고, 회의를 시작할 때 다시 한 번 구두로 상기시켜 주면 됩니다.

자유롭게 의사 표현을 하고 활발한 논의가 이루어지는 조직이라고 하더라도 회의의 목적과 목표가 없으면 참여자들은 모두 다른 방향을 향하게 됩니다. 결과적으로는 자유롭게 개진한 의견들이 파편화되어 허공에 떠 있는 상태가 됩니다. 목적과 목표를 명확히 밝혀야지만 논점을 벗어나지 않는 생산적인 진짜회의를 할 수 있는 것입니다. 글로벌 기업 인텔만 보더라도 '미팅의 목적을 모른다면, 미팅을 시작할 수 없다(If you don't know the purpose of your meeting, you are prohibited from starting).'라고 분명히 제시하고 있습니다. 회의의 목적과 목표는 명확하게 도출되어야 합니다. 그렇지 않으면 무엇을 논의해야 하는지 모르는 참석자들이 모여 토론할 '거리'가 없는 무의미한 회의를 하게 됩니다. 혹은 너무나 많은 토론이 난무하는 중구난방식의 회의가 될 것입니다.

셋째, 대화의 안건을 명확히 해야 합니다. 회의의 필요성과 목적, 목표를 명확히 했다면, 다음 차례는 '안건'입니다. 안건은 대화의 소재입니다. 목적과 목표를 달성하기 위해 우리가 무엇을 논의해야 하는지 알려줍니다. 경험상 안건과 관련해서는 다음 사항을 고려하는 것이 좋습니다.

> 가. 안건은 3개를 넘지 않는 것이 좋습니다.
> 나. 안건은 질문형으로 작성하는 것이 좋습니다.
> 다. 참여자들의 니즈(Needs)와 의견(Opinion)을 반영해야 합니다.
> 라. 안건은 과거, 현재, 미래의 다양한 시점의 내용을 다뤄야 합니다.
> 마. 안건의 순서는 의견이 잘 발산될 수 있는 구조로 배치해야 합니다.
> 바. 각 안건을 위해 참여자들이 무엇을 준비해야 하는지 제시해야 합니다.

가. 안건은 3개를 넘지 않는 것이 좋습니다.

안건의 개수가 3개를 넘지 않아야 하는 이유는 간단합니다. 집중력을 높여 회의를 제시간에 끝내기 위함입니다. 사람들의 에너지에는 엄연히 한계가 있습니다. 특히나, 바쁜 업무로 하루하루를 보내고 있는 직장인이라면 그룹의 대화에 나의 모든 에너지를 쏟을 수 없습니다. 아무리 유의미한 그룹의 대화라도 너무 긴 시간 진행된다면 사람들의 몰입도는 떨어지고, 불만이 생기기 마련입니다. 개인의 업무 시간을 빼앗기기 때문입니다. 안건의 개수는 사람들이 원활하게 집중하고 사고할 수 있는 수준이어야 합니다.

　시중에 나와 있는 회의 관련 책들을 보면 회의 시간은 짧을수록 좋고, 또 제한하는 것이 좋다는 이야기가 꽤 있습니다. 60분 혹은 30분 안에 회의를 마쳐야 한다고 주장합니다. 하지만, 여러분이 꼭 아셔야 하는 것은 회의의 핵심은 '시간'이 아니라는 것입니다. 많은 시간이 소요된다고, 60분을 넘어선다고 꼭 가짜회의에 가까운 그룹의 대화인 것은 아닙니다. 회의의 핵심은 '목표 달성'입니다. 때로는 오랜 시간이 걸릴 수 있습니다. 모든 정답은 효율적으로 도출되기 어려운 법이니까요. 우리가 달성해야 하는 것을 위해서는 조금 더 오래, 조금 더 깊게 한 대화에 머물러야 할 때가 있습니다.

　소요되는 시간이 핵심은 아니지만 그래도 권해 드리고 싶은 것은 시간을 제한한 상태에서 대화를 시작하라는 것입니다. 그리고 제한된 시간 안에 다룰 수 있는 최소한의 안건만 선정하는 것입니다. 시간을 제한하면 추진력이 더해져 집중도가 높아집니다. 마감일이 얼마 남지 않았을 때 우리의 두뇌가 더 빠르게 돌아가는 것을 생각해 보면 알 수 있습니다.

나. 안건은 질문형으로 작성하는 것이 좋습니다.

　대개 안건은 몇 개의 단순한 단어들을 조합한 문구로 작성

됩니다. 이렇게 작성된 안건은 대화의 주제를 전달하는 데에 그칩니다. 그러나 안건을 정하는 이유는 단순히 사람들이 대화 주제를 파악하도록 만들기 위함이 아닙니다. 정확하게는 사람들이 해당 안건에 대해서 더 깊게 생각하고 모일 수 있도록 만들기 위함입니다. 그렇기 때문에 안건은 사람들이 생각할 거리가 있는 것으로 명확히 정해야 합니다.

　사람들에게 생각할 거리를 제공하기 위해서는 안건을 질문 형식으로 제시하면 됩니다. 그러면 사람들은 질문에 대한 답을 생각하면서 회의를 준비하게 될 것입니다. 질문은 상대방을 생각하게 만드는 훌륭한 도구이기 때문입니다. 일상 속 경험들을 떠올려 보세요. 우리의 대화는 수많은 질문과 답변의 반복으로 이루어집니다. 질문을 받으면 자연스럽게 그 질문에 대한 답변을 고민하게 되죠. 따라서, 안건은 아래와 같이 질문형으로 작성하는 것이 좋습니다.

나쁜 안건 예시) 판매 및 마케팅 전략 수립
좋은 안건 예시) 어떻게 고객을 우리 상품의 팬으로 만들 수 있는가?

　또한 질문형으로 작성된 안건은 실제 논의 시에 '초점질문' 으로도 활용할 수 있습니다. 가령, 사람들이 안건과 조금 벗어난 대화를 한다면 다음과 같이 초점질문을 던지는 겁니다. "우리가 집중해야 하는 것은, '어떻게 고객을 우리 상품의 팬으로 만들 수 있는가?'입니다. 지금 나눈 대화를 우리가 집중해야 하는 이 질문에 어떻게 연결하면 좋을까요?"

다. 참여자들의 니즈(Needs)와 의견(Opinion)을 반영해야 합니다.

주요 실적 및 계획을 공유하기 위한 회의가 개최될 때가 많습니다. 그러나 이슈를 공유하는 것은 리더의 입장에서 관리를 위해 필요한 것이며 리더의 니즈(Needs)만을 반영한 것입니다. 회의의 목적이 리더 자신이 관리하는 팀의 상황을 파악하기 위함이라면 회의 말고도 인트라넷, 메시지 혹은 1:1 면담 등의 방법을 택하는 것이 현명합니다.

회의는 참석하는 모든 사람들을 위한 시간이어야 한다.

안건이 선정되는 방식은 보통 이렇습니다. 리더가 필요한 사항을 안건으로 선정합니다. 또는 회의 진행자 혹은 회의를 개최하는 사람이 필요하다고 생각하는 안건을 선정하는 방식입니다. 이렇게 선정된 안건은 회의 참석자들이 필요하다고 생각하는 안건과 매우 다를 수 있습니다. 진정한 그룹의 대화를 위해서는 안건을 선정하는 단계부터 사람들의 니즈와 의견을 반영해야 합니다.

사람들이 회의에 진정으로 몰입하길 원한다면 그들이 논의하고 싶은 주제를 그 이유와 함께 제안할 수 있도록 격려해야 합니다. 그리고 공유된 안건들을 취합하고 우선순위를 매겨 안건을 선정합니다. 사람들이 제안한 주제가 안건으로 선정되지 않았다면 합당한 이유를 설명해줘야 합니다. 그래야 선정된 안건에 대한 참석자들의 이해도를 높일 수 있습니다. 사람들에게 안건에 대한 의견을 요청할 때는 다음과 같이 공지해보세요.

"회의에서는 다 같이 논의가 필요한 사항만 안건으로 다루고, 나머지는 서면이나 개별적으로 논의하도록 하겠습니다. 함께 고민해야 할 사항은 무엇인가요? 회의에 참석하는 모든 분들의 의견을 받아서 우선순위에 따라 핵심 안건 세 가지를 선정하겠습니다."

라. 안건은 과거, 현재, 미래의 다양한 시점의 내용을 다뤄야 합니다.

미시간 대학교의 John E. Tropman 교수는 안건의 시제와 관련해서 1/6 법칙(The Rule of Sixths)을 강조했습니다. 1/6 법칙에 의하면 회의에서 다루어지는 안건 항목의 1/6은 과거, 1/6은 미래, 나머지 4/6는 현재 시점의 사항들을 논의해야 한다고 합니다. 하지만 현실적으로 회의에서 항상 6개의 안건이 논의되는 것은 아닙니다. 가능하다면 안건은 3개를 넘지 않는 것이 좋다고 말씀드렸습니다. 여기에서 중요한 것은 통계적인 수치를 맞추는 것이 아닙니다. 이 1/6 법칙이 나타내는 것은 회의에서는 과거, 현재, 미래의 다양한 시점의 내용을 다룰 필요성이 있다는 의미입니다. 회의에서 항상 과거, 현재, 미래를 모두 다룰 수는 없겠지만 적어도 두 시점의 안건을 다룬다면 그룹의 대화를 더 역동적으로 만들 수 있습니다.

먼저 '과거 시점의 안건'이란 정확하게 말해서 과거에 논의가 끝나지 않아 의사 결정이 완전히 이루어지지 않은 채 남아 있는 항목을 말합니다. 대부분 지난 회의에 이어 추가적인 논의가 필요하다고 결정됐거나 새로운 정보 혹은 아이디어가 필요하다고 여겨지는 사항들입니다. 하지만 한 회의에서 이러한 과거 시점의 안건 항목이 1개를 넘는 것은 옳지 않습니다. 과거 시점의 항목들이 해결되지 않은 채 많이 남아 있다는 것은 과거의 회의들이 효율적이지 않았다는 것을 반증하기 때문입니다. 이 경우, 과거 시점의 안건들을 모아서 회의를 하거나 일단 미뤄두고 현재 시점의 안건을 이야기할 것이 아니라, 모든 참여자가 모여 어떻게 하면 효율적인 의사 결정을 내릴 수 있을지를 논의함으로써 문제를 해결해 나가야 합니다.

'미래 시점의 안건'이란 향후 논의가 필요할 것으로 예상되는 사항들을 말합니다. 이러한 사항들은 논의가 필요할 때까지 기다리기보다는 사전에 회의에서 미리 다루는 것이 좋습니다. 의사 결정 시기가 얼마 남지 않은 상황에서 긴급하게 안건을 다루다 보면, 이러한 장면이 펼쳐질 수도 있기 때문입니다. 회의 시작 전에 회의 진행자가 이렇게 말하는 겁니다. "오늘까지 긴박하게 논의를 마치고 의사 결정을 해야 하는 사항입니다. 의견이나 아이디어를 말씀해 주세요." 이렇게 되면 참여자들이 모든 사항을 점검해 보지 못한 채로 급하게 의사 결정에 관여하게 됩니다. 그 결과, 더 좋은 아이디어가 의사 결정에 반영되지 않는 것은 물론이고, 회의 참여자들은 자신의 가치가 낮아졌다는 느낌을 받고 의기소침해집니다. 무엇보다 이번 대화에서 무조건 결론을 내야 한다는 압박감은 그룹의 대화에 악영향을 미칩니다. 그러므로 갑작스럽게 안건에 대한 결정을 내리기보단 시일을 충분히 남겨둔 상태에서 해당 안건에 대해 편하게 논의할 수 있게 하는 것이 좋습니다. 이 간단한 법칙을 따르는 것만으로도 우리는 회의 참여자들의 창의성(Creativity)을 증진시키는 효과를 얻을 수 있습니다. 사람들은 심리적으로 편안한 상태에서 보다 좋은 의견을 낼 수 있기 때문입니다.

마. 안건의 순서는 의견이 잘 발산될 수 있는 구조로 배치해야 합니다.

1/6 법칙이 안건의 시점에 대한 이야기였다면, 안건의 순서를 배치할 때는 1/3 법칙을 고려해야 합니다. 이 법칙에 따르면 우리는 회의의 흐름을 삼등분해야 합니다. 먼저 첫 단계는 Warm-up 단계로 발표/공지 사항이나 논의가 쉬운 안건을 다뤄야 합니다. 그리고 가장 어려운 안건은 회의 중간 시점에서 논의될 수 있도록 만들어야 합니다. 이렇게 점진적으로 어려운 안건을 다루는 것이 회의에서 참여자들의 발언을 촉진할수 있는 방법입니다. 그렇다면 가장 어려운 안건을 종료 시점이 아닌, 중간 시점에서 다루는 이유는 무엇일까요? 그 이유는 다음과 같습니다.

- 회의에 늦게 도착한 인원들이 있다고 하더라도 이 시점에는 모든 인원이 회의에 참여한 상태일 것입니다.
- 불가피하게 회의 도중에 나가야 하는 인원들도 아직 회의장을 떠나지 않았을 확률이 높은 시점입니다.
- 정신적/신체적 에너지와 집중도가 가장 높아지는 시점입니다.

특히, 정신적/신체적 에너지와 집중도는 효과적인 의사 결정 프로세스를 돕는 그룹의 중요한 자원입니다. 따라서 효과적인 의견 발산과 논의를 위해서는 가장 어려운 안건 항목을 보다 많은 그룹 자원을 활용할 수 있는 중간 시점에서 다루는 것이 좋습니다.

만약 가장 어려운 안건 항목을 참여자 일부가 떠나거나 모두가 지친 상태인 회의 후반부 시점에 논의하는 것은 어떨까요? 예상하시는 것처럼 전혀 현명하지 않은 선택입니다. 일반적으로 참여자들은 회의의 마지막 1/3 지점부터는 집중도가 많이 떨어지며 정신적으로 회의를 마칠 준비를 하기 시작합니다. '회의가 제시간에 끝날까?', '점심은 뭘 먹을까?' 등과 같이 회의 이후의 계획을 생각하게 됩니다. 따라서 마지막 1/3 시점은 질 높은 논의나 의사 결정을 위한 최적의 시간이라고 말할 수 없습니다.

그렇다면 회의의 마지막 1/3 시점에는 어떤 논의를 해야할까요? 이때는 그 회의에서 당장 의사 결정을 내려야 할 필요성이 없는, 오로지 논의만 할 수 있는 안건 항목을 다루는 것이 좋습니다. 우리는 이러한 항목을 '브레인스톰 아이템 (Brainstorm Item)'이라고도 부릅니다. 이러한 브레인스톰 안건 항목은 1/6 법칙에서 설명한 미래 시점의 안건 항목을 포함하기도 합니다. 미래 시점을 다루는 안건은 대부분 당장 긴급한 의사 결정이 필요하지 않기 때문입니다.

이렇게 브레인스토밍만을 할 수 있는 안건은 의사 결정에 대한 사람들의 심리적/감정적 압박감을 해소시켜 줍니다. 때문에 조금 더 의견을 발산하기 용이한 분위기를 형성할 수 있습니다. 무엇보다 많은 논쟁이 발생할 수 있는 안건일수록 본격적인 논의에 앞서 반드시 이 단계를 먼저 거치는 것이 좋습니다. 첫 회의의 브레인스토밍 단계에서 의제 항목을 한 번 다루고, 이후에 의사 결정을 위한 후속 회의를 진행하는 것입니다. 이렇게 의사 결정이 미뤄진 의제 항목은 후속 회의에서는 1/6 법칙에서 말하는 과거 시점의 의제 항목이 되며, 첫 회의에서보다 불필요한 논쟁이 적고 깊이 있는 논의를 할 수 있게 됩니다. 만약 사전에 이러한 브레인스토밍 단계를 거치지 않고 바로 논쟁을 야기할 수 있는 안건에 대한 논의와 의사 결정을 한 회의에서 모두 이뤄 내고자 한다면 다음과 같은 문제가 발생할 수 있습니다.

- 참여자들은 논쟁을 피하기 위해 논의하기를 꺼립니다.
- 압박감을 느낀 참여자들은 악화된 감정으로 논의를 진행합니다.
- 논쟁으로 인해 고조된 감정이 의사 결정의 질을 낮춥니다.

- 제한된 정보와 시간 안에 의사 결정을 내려야 한다는 압박감 때문에 참여자들은 자신의 의견을 더 강하게 고수하고 타인의 의견을 덜 수용하게 됩니다.

이러한 문제를 방지하려면 브레인스토밍이 필요한 안건을 회의의 마지막 1/3 시점에 배치해야 합니다. 미래 시점의 안건에 대한 아이디어를 사전에 공유함으로써 다음에 진행될 의사 결정 회의에서 사람들이 심리적으로 준비할 수 있도록 도와야 합니다. 또한, 이 시간을 통해 사람들이 압박감 없이 자신의 창의성을 발현할 수 있는 기회를 정기적으로 제공하게 되며, 더 나은 아이디어와 의사 결정으로 이어질 확률이 높아집니다.

그리고 무엇보다 가장 어려운 의제 항목에 대한 논의와 의사 결정이 브레인스토밍 이전에 이뤄졌다는 것을 기억해야 합니다. 앞 시간의 논쟁으로 인해 그룹 결집력(Group Cohesion)이 낮아졌다면 브레인스토밍 단계는 격양된 감정을 완화시키고 그룹 간의 관계를 회복할 수 있는 시간이 됩니다. 마치 100m 달리기를 한 후에 천천히 걸으며 숨을 고르는 것과도 같죠. 긍정적인 감정으로 회의를 마칠 수 있게 되면서 장기적으로도 회의에 대한 긍정적인 인식을 갖게 해 줍니다. 만약 논의 후에 의사 결정을 하지 않고 회의를 끝내는 것이 허전하게 느껴진다면 마지막에 아주 사소한 의사 결정 사항을 배치하는 것도 좋습니다.

1/6 법칙과 같이 회의에서 다루는 의제 항목들이 과거, 현재, 미래 시점을 다양하게 포괄하고 있고, 1/3 법칙과 같은 순서로 회의를 진행한다면 무미건조한 가짜회의에서 벗어나 참여자들의 발언을 촉진하며 조금 더 진짜회의에 가까워질 수 있을 것입니다. 다음 '아젠다 타임 테이블'을 참조해 보시길 바랍니다.

| 아젠다 타임 테이블(1시간 회의 기준) |

	회의 시작	쉬운 주제	어려운 주제	토론만	회의 마무리
안건 항목	-전 회의록 검토 혹은 체크인 대화 -회의 목적, 목표, 안건 공유	안건 항목1 쉬운 안건	안건 항목 2 중간 혹은 가장 어려운 안건	안건 항목 3 브레인스톰 아이템 혹은 가장 쉬운 안건	회의 결론 및 실행 계획 확인
1/3 법칙	처음 1/3 시점		중간 1/3 시점	마지막 1/3 시점	
소요 시간	5분~10분	10분	20분~25분	15분~20분	

바. 각 안건을 위해 참여자들이 무엇을 준비해야 하는지 제시해야 합니다.

지금까지 안건의 명확성을 확보하기 위한 내용들을 설명했습니다. 이 내용을 순서대로 재배치하면 다음과 같습니다. 먼저, 참여자들의 니즈와 의견, 안건의 시점을 고려해서 안건이 3개를 넘지 않도록 선정합니다. 안건은 질문형으로 작성하고, 의견이 잘 발산될 수 있는 구조로 순서를 배치합니다. 이제 마지막으로 해야 하는 것은 각 안건별로 사람들이 사전에 무엇을 준비해야 하는지를 명시하는 것입니다. 무엇을 논의할 것인지 대화의 주제를 알려 주는 것도 중요하지만, 해당 대화를 위해서 사람들이 사전에 무엇을 준비하고, 고민해 와야 하는지 명시해 주셔야 합니다. 내가 이 회의를 위해 구체적으로 사전에 무엇을 해야 하는지 알 수 있을 때 사람들은 명확성을 느낍니다.

넷째, 참석자를 명확히 해야 합니다. 준비 단계에서 회의의 필요성을 점검하고, 목적, 목표, 안건을 명확히 했다면 그 다음 단계는 해당 목적, 목표, 안건을 위해서 참여해야 하는 사람이 누구인지를 명확히 하는 것입니다.

먼저, 그룹의 대화에 누구를 초대하는 것이 적합한지 고민하는 것도 중요하지만 몇 명까지 초대를 하는 것이 적합한지 생각해 봐야 합니다. 회의 참석자 수와 관련된 몇 가지 원칙들을 살펴보겠습니다.

가. 아마존의 '피자 두 판의 법칙(Two-Pizza-Rule)'

세계 최대의 온라인 쇼핑몰 기업인 아마존은 소규모 회의를 지향합니다. 이를 위해 회의 규모를 제한할 수 있는 간단한 규칙을 만들었습니다. 이 규칙이 바로 피자 두 판의 법칙입니다. 팀 구성원의 수와 회의 참석 인원수를 피자 두 판을 나눠 먹을 수 있는 인원으로 제한하는 것입니다. 보통 6~10명으로 구성되는데요. 아마존의 CEO 제프 베조스(Jeff Bezos)가 이러한 조치를 취한 이유는 아마존도 한때는 소통의 문제를 겪었기 때문에 원활한 소통을 하기 위한 방법으로 피자 두 판의 법칙을 만든 것이라고 합니다. 인원이 적을수록 불필요한 소통은 줄어들고, 생산적이고 꼭 필요한 소통은 늘어난다는 것입니다.

생각해 보죠. 너무 많은 인원이 회의에 참석하면, 당연히 한 사람당 발언할 수 있는 시간이 줄어들 수밖에 없습니다. 더 많은 의견을 들을 수가 없는 거죠. 실제로 많은 인원이 참석한 회의에서는 마칠 때까지 한마디도 하지 않는 참석자도 제법 있습니다. 그러니 인원수를 제한함으로써 질 높은 소통이 더 많이 일어날 수 있게 만드는 것입니다. 그런데 여기서 한 가지 의문이 듭니다. 인원수를 제한하는 것이 어떻게 불필요한 소통을 줄이고 질 높은 소통을 할 수 있게 만드는 걸까요? 제프 베조스는 소통을 많이 하는 것이 반드시 능사가 아니라고 말합니다. 더 많은 소통이 필요하다는 것은 사람들이 유기적으로 일하지 못한다는 걸 의미하기 때문입니다. 유기적으로 일한다면 굳이 별도의 소통 없이도 상대방이 어떤 생각을 하고 무슨 일을 하는지 알 수 있게 됩니다. 그래서 꼭 필요한 것만 묻고 대화하는 유기적인 소통을 위해서는 인원을 소규모로 구성할 필요가 있다는 거죠.

나. 애플의 '소수의 똑똑한 그룹(Small Groups of Smart People)'

애플도 누가 회의에 참석할 것인지를 매우 중요하게 여깁니다. 특히 스티브 잡스(Steve Jobs)는 매주 진행되는 광고 대행사와의 회의에 회의 주제와 직접적인 관련이 있는 사람만 참석할 수 있도록 했습니다. 회의에 참석하는 사람이라면 참석할 만한 마땅한 이유가 있어야만 한다는 것이 애플의 생각인 것이죠.

실제로 스티브 잡스는 회의에 불필요한 사람이 있으면 정중하게 내보내기도 합니다. 이런 일도 있었습니다. 어느 날 회의실에 스티브 잡스가 처음 보는 여직원이 있었습니다. 그는 그녀가 누구인지, 회의에 참석해야 하는 이유가 뭔지 들은 후에 그녀에게 회의실에서 나가 달라고 정중하게 요청했다고 합니다. 그는 그만큼 철저하게 최소한의 인원이 회의를 진행할 수 있도록 관리했습니다. 최소한의 인원이 간결하고, 신속하고, 실속 있는 회의를 진행할 수 있기 때문입니다. 이처럼 애플에서는 회의에 참여하지 않고도 회의 결과를 다른 직원들에게 알리는 방법은 많다고 말하며, '소수의 똑똑한 그룹(Small Groups of Smart People)'을 강조합니다.

다. 구글의 '8명이 함께하는 회의'

구글은 가급적 8명 이상의 사람을 회의에 참여시키지 않는다고 합니다. 회의에 참여하는 모든 사람이 의견을 낼 수 있어야 하기 때문입니다. 방관자가 있으면 생산성이 떨어지게 되고, 참여자가 너무 많으면 대화의 질이 떨어지기 때문에 8명이 최적의 인원이라는 것입니다.

인원을 최소화하기 위해 방관자가 될 만한 사람들에게는 참석을 요청하지 않고 추후에 미팅 결과를 공유합니다. 회의에는 꼭 필요한 사람만 참여시키는 것입니다. 일반적으로는 간혹 자리를 채우기 위해 회의에 들어가는 경우가 있습니다. 그러나 구글에서는 자신의 역할이 없다면 회의에 참석하지 않는 것이 좋습니다. 구글은 회의에 참여하는 것이 명예의 상징이 아니라는 인식을 가지고 있습니다.

지금까지 알아본 세 조직의 사례를 통해 우리가 확인할 수 있는 핵심은 다음과 같습니다.

그룹의 대화에는 (방관하는) 참관자가 아닌 참여자가 필요하다.

참석자 수가 많아지면 많아질수록 사람들은 참여자가 아닌 참관자가 될 가능성이 커집니다. 이것이 바로 링겔만 효과 (Ringelmann Effect)입니다. 링겔만 효과란 '어떤 집단에 속하는 구성원의 개인별 집단 공헌도가 집단의 크기가 커질수록 점점 낮아지는 경향'을 의미합니다. 링겔만 효과를 증명한 실험이 있습니다. 줄다리기 장면을 상상해 보세요. 1 대 1로 줄다리기를 한다면 여러분은 여러분이 가진 힘의 몇 퍼센트를 쓸 수 있을까요? 아마도 가진 힘의 100%를 낸다고 가정할 수 있을 겁니다. 그렇다면, 1 대 1의 줄다리기가 2 대 2가 되면 어떻게 될까요? 사람들은 보통 93%의 힘을 낸다고 합니다. 3 대 3이 되면 85%의 힘을 냅니다. 만약 이 줄다리기가 8 대 8이 되면 어떻게 될까요? 49%까지 떨어집니다. 이런 현상을 링겔만 효과 혹은 방관자 효과라고 합니다. '이만큼만 힘을 내야지'라고 의도한 것이 아닙니다. 집단의 크기가 커질수록 공헌해야겠다는 의지가 자연스럽게 낮아지는 겁니다.

우리의 그룹의 대화도 마찬가지입니다. 인원수가 많아질수록 참여자들은 "이 회의의 목표를 달성하기 위해서 내가 정말 필요한 사람이구나."라는 것을 덜 느끼게 됩니다. "내가 이 회의에 기여해야겠다."는 의지도 낮아집니다. 그렇기 때문에 개개인이 100에 가까운 힘을 내게 하기 위해서는 꼭 필요한 사람으로만 참석자를 구성해야 할 필요가 있습니다.

즉, 회의에서 집단의 현명함을 유지하기 위해서는 그 집단을 이루는 구성원이 누가 되어야 할지를 먼저 고민해야 합니다. 따라서 진짜회의를 시작하기 위해서는 회의 참석자부터 올바르게 선정해야 합니다. 회의 참여자를 선정하는 것은 회의의 생산성과도 직결되는 문제이며 그 방법으로 R.A.P.I.D 프레임워크(Framework)를 활용할 수 있습니다. R.A.P.I.D가 지칭하는 참석자의 역할은 다음과 같습니다.

R (Recommend) : 제안자

의사 결정을 위한 핵심 의견을 제시할 수 있는 참여자를 말합니다. 논의될 주제에 대한 올바른 데이터와 분석력을 가지고 있어야 합니다.

A (Agree or Disagree) : 동의자 혹은 반대자

제안자(Recommender)의 의견에 동의 혹은 반대할 수 있는 참여자를 말합니다. 더 나은 의사 결정을 위해 의견이 타당하지 않을 경우 반대할 수 있어야 하며 제안자와 의견을 조율할 수 있어야 합니다.

P (Perform) : 실행자

회의 후 정해진 의사 결정 사항을 실제로 이행하는 참여자를 말합니다.

I (Input) : 검토자

결정된 사항의 실현 가능성을 검토할 수 있는 참여자를 말합니다. 제안자(Recommender)에게 제안된 내용의 실현 가능성과 그 내용이 미치는 실질적 영향을 설명해 줄 수 있어야 합니다.

D (Decide) : 의사 결정자

의사 결정을 내릴 수 있는 권한과 책임이 있는 참여자를 말합니다.

| R.A.P.I.D 체제(Framework) |

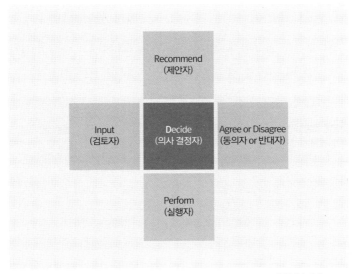

출처: Bain & Company

회의 주제와 업무 연관성이 높은 사람들의 회의 몰입도는 높을 수밖에 없습니다. 그러므로 회의 진행자는 회의 참가자들이 모두 회의에 몰입할 수 있도록 적합한 사람을 선정해야 합니다. 위의 R.A.P.I.D 프레임워크를 기반으로 참여자를 선정하면, 회의에 꼭 필요한 사람이 누구인지를 알 수 있습니다.

5가지 역할 중 최소한 회의에 필요한 인원은 R(제안자)과 D(의사 결정자)이며 대부분의 경우 A(동의자 혹은 반대자)와 P(실행자)도 참여시키는 것이 합리적입니다. I(검토자)는 필요에 따라 선택적으로 참여시키면 됩니다. 이렇게 논의 주제와 관련 있는 구성원만 회의에 참여하면, 집중도가 높아지고 더 생산적인 결과를 지향하게 됨으로써 회의 참여도도 높아지게 됩니다. 또한 회의 결정 사항의 실효성이 높아질 가능성이 커지고 사후 추적 관리가 용이해집니다. 아래 질문 리스트를 활용해 참석자를 선정해 보시길 바랍니다.

| R.A.P.I.D 프레임워크를 활용한 참석자 선정 질문 |

1. R (Recommend)
   의사 결정을 위한 핵심 의견을 제시할 수 있는 사람은 누구인가?

2. A (Agree or Disagree)
   제안자(Recommender)의 의견에 동의 혹은 반대할 수 있는 사람은 누구인가?

3. P (Perform)
   회의 후 정해진 의사 결정 사항을 실제로 이행하는 사람은 누구인가?

4. I (Input)
   결정된 사항의 실현 가능성을 검토할 수 있는 사람은 누구인가?

5. D (Decide)
   의사 결정을 내릴 수 있는 권한과 책임이 있는 사람은 누구인가?

참석자 선정이 끝나면 마지막으로 남은 절차가 있습니다. 선정된 사람 본인에게 확인하는 것입니다. 필요한 참석자를 선정해서 초대하는 것은 회의를 준비하는 진행자의 몫이지만 참석 여부의 결정은 참석자의 몫으로 남겨둬야 합니다. 참석자로 선정되어도 공유된 회의의 목적, 목표, 안건 등을 보고 내가 기여할 수 있는 것이 없다고 여겨지면, 내가 필요한 회의가 아니라고 판단되면 누구나 No라고 말할 수 있어야 합니다. 참석을 거절한 인원이 발생하면 왜 그 사람이 필요한지 설득이 필요할 수 있습니다. 혹은 대체하여 참석할 수 있는 사람이 누구인지 고민해야 할 수도 있습니다. 중요한 것은 마지못해 참석하는 사람이 없도록 해야 하는 것입니다. 특히 미안함 때문에 거절하지 못하거나, 거절의 불편함 때문에 그냥 참석하는 사람들이 있습니다. 그러나 나와 그룹을 위해서는 적절하게 거절할 줄도 알아야 합니다. '거절은 죄책감을 느끼게 한다'는 마리자 만레사의 말처럼 우리는 부탁을 들어주지 못했다는 사실이 아니라 거절하지 못한 데에서 죄책감을 느낄 수 있어야 합니다.

다섯째, 메타 결정을 명확히 해야 합니다. 이제 목적, 목표, 안건, 참석자를 분명히 했으니 시간, 장소 등을 포함해서 공지하면 모든 준비가 끝나는 걸까요? 아닙니다. 많은 사람이 놓치고 있지만, 효율적인 진짜 그룹의 대화를 위해서 정말 중요한 것이 있습니다! 그건 바로 메타 결정(Meta Decision Making)입니다. 회의를 계획할 때 무엇을 결정할지 명확하게 하는 것을 메타 결정(Meta Decision Making)이라고 합니다. '메타(Meta)'는 '한 단계 높은', '한 단계 전의'라는 뜻을 가지고 있습니다. 따라서, 메타 결정은 '보통의 의사 결정보다 한 단계 높은 혹은 한 단계 전의 의사 결정'이란 뜻이 됩니다. 즉, 결정하기 전에 내리는 결정, 결정에 대한 결정(Decision about deciding)이라고 할 수 있습니다. 메타 결정에서는 크게 3가지를 결정해야 합니다.

> 가. 누가 결정할 것인가?
> 나. 무엇을 결정할 것인가?
> 다. 어떻게 결정할 것인가?

가. 누가 결정할 것인가?

대부분의 회의에는 사소하더라도 결정이 필요한 사항과 의사 결정권자가 있습니다. 의사 결정권자도, 권한을 위임받은 자도 없다면 회의 진행 여부를 다시 한번 검토해 볼 필요가 있습니다. 구글에서도 모든 회의에 의사 결정권자의 참여를 강조합니다. 동등한 두 집단의 회의는 최선의 의사 결정보다는 종종 타협으로 끝날 수 있기 때문에 좋은 결과가 나오지 않는 경우가 있습니다. 따라서 명확한 의사 결정권자를 지정하고 참여자 모두가 의사 결정권자가 누구인지 알 수 있어야 합니다. 아래의 메타 결정 표를 활용하면 의사 결정권자를 명확하게 지정할 수 있습니다.

메타 결정 표		
(WHO) 누가 결정할 것인가		
의사 결정권자	참석 여부	권한을 위임받은 자
김철수	O / X	김영희

하지만 현실적으로 회의에 의사 결정권자가 참여하지 못하는 상황도 다수 발생합니다. 이때는 다음과 같이 대응할 수 있습니다.

- 결정권자의 의견을 사전 청취 후 참석합니다.
- 미결정 사항에 대한 계획을 명확히 정하고 참여자들에게 공지합니다
  "논의 결과를 OO에게 공유할 예정입니다."
  "결정에 필요한 내용은 OO님에게 전달하여 결정 후 공유드리겠습니다"
  "각 담당자께서 리더에게 의사 결정 내용 받아서 ~까지 의견 공유해 주시길 바랍니다."

> "참석자께서 금일 논의 내용 보고해 주시고 ~까지 조직 의견 공유해 주시길 요청드립니다."
>
> "참석 못하신 의사 결정권자와 회의 이후에 논의 내용을 바탕으로 결정하고 결정된 내용 공유 드리겠습니다. 이의 없으시죠?"
>
> • 기존 경영층의 결정 사항을 최대한 활용합니다.
>
> • 결정할 수 없으므로 다음 안건으로 넘어갑니다.

나. 무엇을 결정할 것인가?

질문 그대로 결정해야 하는 것이 무엇인지를 의미합니다. 안건 혹은 목표에 이미 포함되어 있을 수도 있습니다. 여러 개의 안건에 대한 논의를 통해 결정하고자 하는 것이 무엇인지 명확히 하면 됩니다.

다. 어떻게 결정할 것인가?

메타 결정에서 가장 중요한 부분은 '어떻게'에 해당하는 의사 결정 방법 부분입니다. 그러나 실제로는 많은 사람들이 놓치고 있는 부분이기도 합니다. 의사 결정 방법은 크게 4가지로 구분할 수 있습니다.

유형 1. 결정권자 본인이 스스로 의사 결정
유형 2. 논의 대신 보고가 진행되고, 결정은 결정권자가
유형 3. 논의는 함께, 결정은 결정권자가
유형 4. 논의도 함께, 결정도 함께

그룹의 대화는 주로 유형 3이나 4에 해당됩니다. 안건 자체가 딱히 논의가 필요하지 않은 1, 2번 유형에 해당된다고 판단되면 모이는 것 자체를 다시 고려해 봐야 합니다. 유형 3, 4번도 명확하게 구분해서 참석자들에게 알려 주는 것이 좋습니다. 가령, 회의를 진행하는 이유가 함께 논의해서 함께 결정하기 위함이라고 생각하는 사람이 있다고 가정해 봅시다. 이런 참석자는 회의에 열심히 참여했는데 결국 결정권자가 혼자 결정하는 모습에 불만을 가질 수 있습니다. 그리고 회의가 끝나면 대개 이런 말을 합니다.

"자기 혼자 결정할 거면 대체 왜 모이자고 한 거야?"

이런 불만이 나오는 이유는 참여자마다 기대하는 의사 결정 방법이 모두 다르기 때문입니다. 따라서, 사전에 어떤 결정 방법이 참여자들에게 더 합리적이라는 생각을 심어줄 수 있을지

고민하고, 결정된 의사 결정 방법을 미리 알려 주시는 것이 좋습니다. 그래야 서로의 기대가 어긋나지 않습니다.

의사 결정 방법을 정할 때 또 하나 명확하게 정해야 하는 것은 바로 의사 결정의 기준입니다. 안건마다 필요한 의사 결정 기준이 다릅니다. 때로는 상품성이 될 수도 있고, 수익성, 긴급도, 예산, 일정 등 다양한 기준이 있을 수 있습니다. 이 기준을 사전에 명확히 정해 공지하지 않으면, 참여자들은 모두 각기 다른 기준에 맞춰 자신의 의견과 자료를 준비해 오게 됩니다. 결국 회의는 산으로 가게 되죠. 그렇기 때문에 사전에 반드시 의사 결정의 기준을 알려 주셔야 합니다. 사전에 기준을 제시한다면, 모두가 동일한 기준을 가지고 회의를 준비하게 되고 원활한 회의가 가능해집니다.

그렇다면 의사 결정의 기준은 어떻게 정하면 될까요? 먼저 우리 그룹에서 중요하게 생각하는 의사 결정 기준들을 리스트업해 보세요. 그리고 이번에는 사람들이 어떤 기준을 두고 회의를 준비하고 함께 대화하면 좋을지 충분히 고민해 봐야 합니다.

특히나 그룹의 대화를 이끄는 사람이라면 기준을 제시함으로써 우선순위를 알려주는 것이 중요합니다. 업무가 많은데 우선순위를 정하지 못하면 그룹은 중요한 일을 논의하기보단 결국 긴급한 일을 쳐내기 위한 대화를 하게 됩니다. 기준과 우선순위가 명확하지 않기 때문에 대화는 산으로 갈 가능성이 높습니다. 프랑켄슈타인을 상상해 보시면 됩니다. 각자가 생각하는 좋은 것, 각자가 생각하는 중요한 것을 다 담다 보면 우리 대화의 끝 그림에는 분명 괴물이 남아 있을 겁니다.

결정 기준은 의사 결정권자나 리더의 영향을 많이 받게 됩니다. 내가 리더라면 내가 생각하는 의사 결정 기준을 참여하는 구성원들에게 알려 주시면 됩니다. 기준을 정하지 못했다면 논의를 시작하기 전에 반드시 기준을 합의하기 위한 논의를 먼저 진행해야 합니다.

이때 그룹의 대화를 이끄는 사람이 독단적으로 기준을 결정해 버린다면, 그룹 모두를 대신해 그들의 우선순위를 일방적으로 정하는 것과 다름없습니다. 반면, 의사 결정의 기준만을 제시한다면 이야기는 달라집니다. 구성원들이 우선순위를 스스로 선택해 결정할 수 있게 되기 때문입니다. 그룹의 대화를 이끄는 사람은 대신 책임져 주는 것이 아니라 해당 그룹이 책임의 주체가 될 수 있게 해야 합니다. 의사 결정 기준을 명확히 제시하고 그 울타리 안에서 사람들이 자립적으로 결정할 수 있도록 만들어 보세요. 자주 사용되는 의사 결정 기준은 다음과 같습니다.

의사 결정의 기준 예시
일정, 예측성, 타이밍, 신속성, 지속성, 계획성, 수익성, 긴급도, 중요도, 공정성, 개선성, 대중성, 효과성, 효율성, 경제성, 참신성, 현실성, 기존 사항과의 연결성, 고객편의성, 윤리성, 리스크, 예산, 초기 단계에서 수립한 목표, 재활용성, 일관성, 논리성

의사 결정 기준을 제시할 때는 가장 중요한 한 가지 기준만을 제시할 수도 있지만, 프레임워크를 활용해 두 가지 기준을 제시할 수도 있습니다. X축과 Y축에 각각 다른 기준을 놓으면 기준에 맞게 우선순위를 정하기가 훨씬 수월해집니다. 자주 사용되는 우선순위 선정 기준 프레임워크는 다음과 같습니다.

| 자주 쓰는 우선순위 선정 기준 프레임워크 |

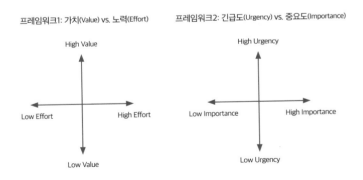

프레임워크1: 가치(Value) vs. 노력(Effort)

High Value
Low Effort / High Effort
Low Value

프레임워크2: 긴급도(Urgency) vs. 중요도(Importance)

High Urgency
Low Importance / High Importance
Low Urgency

프레임워크3: 비용(Cost) vs. 영향력(Impact)

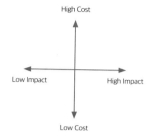

프레임워크4: 위험(Risk) vs. 수익률(Return)

프레임워크를 잘만 활용한다면 훨씬 쉽고 수월하게 우선순위의 기준을 정할 수 있을 겁니다. 프레임워크가 가진 힘을 잘 활용해 보시길 바랍니다. 단, 형식이 내용을 지배하는 법입니다. 대화를 이끄는 사람이 어떤 프레임을 제시하느냐에 따라 사람들이 채워 넣는 내용이 달라질 수 있습니다.

결국 메타 결정에서는 다음 장에 나오는 메타 결정 표의 세부 내용을 사전에 명확히 할 수 있어야만 합니다.

여섯째, 그라운드 룰을 명확히 해야 합니다. '그라운드 룰'이란 회의라는 그라운드에 들어왔을 때 모두가 지켜야 하는 규칙과 약속을 의미합니다. 축구 경기를 한번 생각해 보세요. 축구 선수들이 플레이 그라운드에서 안전하게 뛸 수 있는 이유는 레드 카드로 선언되는 '퇴장'이라는 강력한 규칙이 있기 때문이

메타 결정 표
(WHO) 누가 결정할 것인가

의사 결정권자	참석 여부	권한을 위임받은 자
김철수	O / X	김영희

(WHAT) 무엇을 결정할 것인가
(HOW) 어떻게 결정할 것인가

회의 진행여부 검토 :
문제 유형에 따라 의사 결정의 방법이 다르며, 그에 따라 회의 진행 여부를 검토합니다.

유형1.
본인의 영역에서 스스로 의사 결정 가능
→ 회의 진행여부 검토

유형2.
논의 대신 보고가 진행되고, 결정은 결정권자가
→ 회의 진행여부 검토

유형3.
논의는 함께, 결정은 결정권자가
(또는 권한 위림 받은 자)
→ 회의 진행

유형4.
논의도 함께, 결정도 함께
→ 회의 진행여부 검토

의사 결정권자나 권한위림 받은 자가 참석하지 않는 회의는 열지 않거나, 일정을 재조정합니다.

2) 의사 결정 기준 : 의사 결정을 위해 고려해야 할 중요한 기준을 제시합니다.

죠. 모두가 그 규칙을 인지하고 있고, 지키려고 노력하기 때문에 안전하게 경기에 임할 수 있습니다. 회의도 마찬가지입니다. 회의라는 경기에 들어온 순간 모두가 지켜야 하는 그라운드 룰이 존재합니다.

글로벌 기업들 역시 고유의 회의 그라운드 룰을 가지고 있습니다. 세계적인 다국적 기업으로 다양한 용품을 제조하는 3M은 '사람들에게 말하지 말고 사람들과 대화하라'는 그라운드 룰을, 구글은 '모두의 동의를 가장 경계하라'는 그라운드 룰을 가지고 있습니다. 또, 세계적인 디자인 기업 아이디오(IDEO)에서는 회의 참여자들이 아이디어를 최대한 많이 쏟아내게 하기 위해 매 회의마다 '거친 아이디어도 장려하라', '많을수록 좋다', '남의 아이디어를 발전시켜라', '그 어떤 아이디어라도 무시하지 마라' 등의 그라운드 룰을 제시합니다.

이처럼 그라운드 룰이란, 회의에서 의견을 나누는 모습이 일반적으로 어떠해야 하는지를 정의한 것과 같습니다. 때로는 특정 회의를 위한 특별한 그라운드 룰을 정하고 제시할 수도 있습니다. 일반적인 그라운드 룰에는 다음과 같은 것들이 있습니다.

| 그라운드 룰 예시 |

· 오늘 우리는 사람과 싸우지 않고 의견과 싸울 것입니다.

· 모두의 '동의'를 가장 경계하라.

· 사람들에게 말하지 말고 사람들과 대화하라.

· 그 사람이 그렇게 말하는 것은 다 그럴 만한 이유가 있는 것이다.

· 그 사람은 내가 못 보고 있는 무언가를 보고 있는 것이다.

　회의의 그라운드 룰을 설정하는 것은 아주 중요합니다. 회의 시 참여자들이 서로를 어떻게 대해야 하는지, 의견을 어떻게 나누어야 하는지 사전에 약속해야 회의가 생각한 대로 흘러갈 수 있기 때문입니다. 암묵지와 같이 추상적인 형태로만 존재하는 그라운드 룰을 한 문장으로 정의하고 모두가 항상 상기할 수 있도록 표면적으로 제시해야 합니다.

　이러한 그라운드 룰이 중요한 이유는 이것이 구성원에게 '말할 수 있는 용기'를 주기 때문입니다. 그러므로 그룹의 대화를 이끄는 사람은 회의를 시작하기에 앞서 참석자들이 지켜야 할 그라운드 룰을 정하고 서로 합의할 수 있도록 만들어야 합니다. 올바른 그라운드 룰을 설정하고 그 약속을 지켜 나갈 때 회의 참여자들은 수평적인 분위기에서 자유롭게 의견을 발산할 수 있습니다.

　이렇게 그라운드 룰까지 명확히 하면 우리는 이제 진짜회의에 가까운 그룹의 대화를 할 준비를 어느 정도 마치게 됩니다. 다시 한 번, 우리가 그룹의 대화를 준비하기 위해 사전에 무엇을 명확히 했는지 살펴보겠습니다.

1. 필요성
2. 목적과 목표
3. 안건
4. 참석자
5. 메타 결정
6. 그라운드 룰

위 6가지를 순차적으로 고민한 후 그 내용을 서면으로 작성한 것을 우리는 '회의 계획서'라고 합니다. 명확한 회의 계획서는 회의 진행자에게 올바른 방향을 제시하고 효율적인 시간 관리를 돕습니다. 따라서 잘 계획된 내용을 바탕으로 회의가 운영되면 주어진 시간 내에 회의 목적을 달성하기 쉬워집니다. 그러나 많은 조직이 소홀하게 여기는 것 중 하나가 바로 회의를 계획하는 것입니다.

회의 계획서가 아예 없거나 있다 하더라도 모호하다면, 우리의 회의는 덜 준비된 듯한 회의, 주제를 벗어난 회의, 아무런 결론을 얻지 못하고 의미 없이 끝나는 회의가 되고 맙니다.

"어디로 갈지 모르는 배는 순풍도 도움이 되지 않는다"는 격언이 있습니다. 회의를 잘 진행하기 위해서는 회의를 잘 준비하는 것도 중요합니다. 회의 전에 참여자들이 무엇을 논의하고, 무엇을 생각하고, 무엇을 준비하면 되는지에 대해서 알게 된다면 그들의 참여를 촉진할 수 있습니다.

그룹의 대화를 준비하는 단계는 뒤에 이어지는 '의견을 나누고, 결정하고, 실행하는 단계'와 직간접적으로 연결되어 있습니다. 즉, 어떻게, 얼마만큼 준비했는지가 회의의 성패를 좌지우지한다고 해도 과언이 아닙니다. 테슬라의 CEO인 엘론 머스크(Elon Musk)는 본인이 참여하는 회의에 충분한 준비가 되지 않았다면 해고까지 언급할 만큼 회의 준비 과정을 중요시합니다. 그는 항상 직원들에게 '회의에 참석하는 다른 참석자에게 어떤 정보나 가치를 제공할 수 있다는 확신이 없다면 회의에 참석하지 말라'고 말합니다. 회의에 참석하지 않는 것이 무례한 것이 아니라 다른 참석자의 시간을 낭비하는 것이 무례한 것이라고 강조합니다. 그만큼 회의를 준비하는 것이 중요하다는 것을 회의에 참석하는 모든 사람들이 인식하고 있어야 할 문제입니다. 명심해야 할 것은 준비되지 않은 회의는 실패할 수밖에 없다는 것입니다. 마지막으로 다음 질문 리스트를 활용하신다면 조금 더 쉽게 그룹의 대화를 준비하실 수 있습니다.

준비 사항	질문 리스트
필요성	꼭 모여야 하는가? 다른 방식으로 대체할 수 없는가?
목적과 목표	왜 모이려고 하는가? (회의 유형) 회의가 끝났을 때 무엇을 얻고자 하는가? (회의 종료 조건)
안건	논의가 깊어지게 하는 초점 질문은 무엇인가? (질문형으로 안건 작성)
참석자	누가 참여해야 하는가? (R.A.P.I.D 프레임워크 활용)
메타 결정	누가, 무엇을, 어떻게 결정할 것인가? (방법과 기준 포함)
그라운드 룰	지켜야 하는 그라운드 룰은 무엇인가?

3장

그룹의 대화를
이끌어라

대화에 필요한 분위기부터 형성하라

그룹의 대화의 시작은 회의 계획에서 명확하게 했던 6가지 사항을 참석한 사람들과 다시 한 번 구두로 공유하는 것입니다. 명확성이 확보된 상태에서 출발하는 것입니다. 그렇다면 그 이후에는 그룹의 대화가 자연스럽게 잘 흘러갈까요? 그렇지 않습니다. 우리가 경험하는 많은 그룹의 대화에서 사람들은 침묵할 때가 많습니다.

왜 사람들은 발언하지 않을까요? 아니, 왜 발언을 하지 못할까요? 그건 바로 침묵을 깰 용기가 없기 때문입니다. 그래서, 우리의 온라인 회의가 더 회의다워지려면 꼭 필요한 것이 하나 있습니다. 그건 바로 '용기 없이도 발언할 수 있는 분위기' 입니다.

회의에서 서로 다른 의견이 오고 가는 진정한 소통을 하기 위해서는 회의 참여자들이 용기를 내지 않고도 자유롭게 말할 수 있는 분위기가 조성되어야 합니다. 어떤 의견이든 편안하게 말할 수 있어야 하며, 모두가 그 의견을 수용하고 귀 기울여 들어 주는 문화를 만들어야 합니다. 이러한 긍정적인 분위기를 만들기 위해서는 인정과 격려, 칭찬과 지지의 언어들이 난무해야 합니다. 세계적인 기업 구글(Google)에서는 임직원이 이러한 분위기를 느끼는 것을 '심리적 안전감'을 가진 상태로 정의하고, 수년간의 연구를 통해 이것이 최고의 성과를 내는 팀들이 가진 공통점이었다는 사실을 알아냈습니다. 우리의 회의에서도 더 나은 논의를 위해서는 이러한 심리적 안전감이 필요합니다.

용기 없이도 편하게 발언할 수 있는 분위기를 형성하기 위해 할 수 있는 방법 중 하나가 바로 '체크인 대화'입니다. 호텔과 같은 숙박업소에 들어갈 때 가장 먼저 해야 하는 것이 바로 체크인(Check-in)입니다. 마찬가지로 회의를 시작하면서 가장 먼저 나누는 대화를 체크인 대화라고 하는 것입니다.

체크인 대화는 일상적인 주제를 가지고 스몰토크를 하거나, 참여자들의 안부 또는 근황에 대해 짧게 얘기 나누는 것을 의미합니다. 과거 포털사이트를 운영했던 '야후'라는 조직에는 서로 감사한 마음을 전하는 '감사하기' 체크인 문화가 있었습니다. 현재 구글에는 '여행 보고서'라는 체크인 문화가 있습니다. 3M이라는 글로벌 기업에서는 경계심을 내려놓는다는 의미에서 체크인 대화를 'Guard Down'이라고 부르기도 합니다. 이처럼 체크인 대화는 여러 글로벌 기업이 이미 활용하고 있는 방법입니다.

이런 체크인 대화를 통해 진행자는 참여자들의 감정, 상황, 고민, 이슈 등에 대한 힌트를 얻을 수 있습니다. 적어도 내가 이끌어야 하는 그룹의 사람들이 어떤 감정 상태에 있고, 어떤 상황에 놓여 있는지를 아는 것은 매우 중요합니다. 알고 이끄는 것과 모르고 이끄는 것은 큰 차이가 있기 때문입니다. 체크인 대화를 통해 회의에 참여한 사람들이 집중할 준비가 되어 있는지 아닌지도 확인할 수 있습니다.

무엇보다 중요한 것은 이런 대화를 통해 참여자 간에 친근함을 형성할 수 있고, 회의에 필요한 편안한 분위기를 일부 조성할 수 있다는 것입니다. 그리고 회의에 참여한 사람이라면 모두가 한번은 입을 떼고 회의를 시작할 수 있습니다. 그렇기 때문에 이와 같은 체크인 대화는 쓸데없는 대화로 시간을 낭비하는 것이 아니라, 적은 시간을 투자해 남은 회의 시간에 대한 참여자들의 집중도 또는 관심도를 높이는 효과가 있습니다.

체크인 대화가 많은 이점을 가지고 있지만 그렇다고 항상 할 수 있는 것은 아닙니다. 시급한 안건을 다룰 때는 하지 않는 것이 오히려 좋을 수 있습니다. 하지만, 무거운 안건을 다룰 때는 꼭 진행하는 것이 좋습니다. 안건이 무거우면 회의 분위기가 처음부터 무거울 수밖에 없기 때문에 체크인 대화로 분위기를 풀어준 다음에 회의를 진행해야 진행자가 사람들을 이끄는 데 어려움을 덜 수 있습니다.

체크인 대화를 진행하는 방식은 간단합니다. 주제를 정하고, 5분 내외로 대화를 진행합니다. 인원수가 4~5명으로 적정하다면 전체가 대화를 나누는 방식으로, 인원수가 많다면 적은 인원으로 소그룹을 만들거나 옆 사람과 1 대 1로 짧게 대화를 나누는 방식이 좋습니다. 혹은 포스트잇 등에 작성하고, 이것을 함께 읽는 방식으로도 진행할 수 있습니다. 회의 들어오기 전에 각자가 무엇을 했는지 짧게 공유할 수도 있습니다. 처음 보는 다른 부서 혹은 외부 인원과의 회의라면 이번 회의에서 기대하는 것은 무엇인지에 대해 짧게 대화를 나누는 것으로 대체해도 좋습니다.

체크인 대화의 목적은 관계 형성, 편안한 분위기 조성, 심리적 안전감 형성에 있습니다. 물론 단 한 번의 짧은 체크인 대화를 통해 목적을 이룰 수 있는 것은 아닙니다. 여러 번의 회의에서 지속적으로 진행되어야 합니다. 체크인 대화가 쌓이면 쌓일수록 참여자들 간의 내적 친밀감이 높아집니다. 내적 친밀감이 쌓일수록 상대방이 나와 다른 주장을 내세우더라도 상대방의 의견에 더 귀를 기울일 수 있게 됩니다. 상대방의 반대 주장을 색다르고 의미 있는 주장이라고 간주할 수 있게 됩니다. 체크인 대화는 참여자들이 서로에 대해 알아가면서 각자의 가면을 벗고 진정으로 소통할 수 있도록 도와줍니다.

마지막으로 유념하셔야 하는 것은 체크인 질문을 선정하는 것입니다. 가령 체크인 질문 중에 "지난 주말에 뭐 하셨나요?" 라는 질문이 있다고 가정해 봅시다. 매주 회의에서 같은 질문으로 동일한 체크인 대화를 진행한다면 어떨까요? 이 질문만으로는 절대 참여한 사람들과의 관계가 깊어질 수 없습니다. 체크인 질문은 정말 사소하고 쉬운 질문으로 시작해서 점점 어려워질 필요가 있습니다. 동료에게는 평생 하지 않을 것 같은 질문을 해 보세요. 이렇게 사람들이 평상시와는 다른 다양한 질문을 가지고 편하게 대화를 나누게 두고, 서로가 서로에 대해 더 알아갈 수 있도록 만들어 주시면 됩니다.

질문을 수집하는 취미를 가져 보세요. 조금만 검색해 봐도 세상에는 재미나고 참신한 질문들이 많습니다. 내가 이끄는 그룹의 사람들이 서로 대화를 나누면 좋을 것 같은 질문을 고민해 보세요. 어떤 질문을 가지고 대화를 나눠야 사람들이 편안하게 대화를 나누고 한 번이라도 더 웃을 수 있을까 고민해 보세요. 다음 체크인 질문 리스트에 작성된 예시를 참고하거나 시중에서 판매하는 질문카드를 활용하는 것도 방법입니다.

| 쉬운 체크인 질문 예시 |
- 지난 한 주는 어떻게들 보냈나요?
- 연말 계획은 어떻게 세우고 있으세요?
- 가을인데, 어떤 책을 읽고 있나요?
- 최근에 본 가장 좋았던 영화는 무엇인가요?
- 최근에 자신에게 많이 하는 질문은 무엇인가요?

| 참신한 체크인 질문 예시 |
- 당신에게 완벽한 날은 언제인가요?
- 마지막으로 자신을 위해 노래를 부른 것은 언제인가요?
- 당신의 인생에서 가장 감사한 일은 무엇인가요?
- 오랫동안 하고 싶었던 일이 있나요? 왜 그 일을 하지 않았나요?
- 당신의 삶에서 당황스러웠던 순간은 언제였나요?

만약 참석자들이 체크인 대화를 어색해한다면 그룹의 대화를 이끄는 진행자가 핵심 참석자들과 조금씩 스몰토크를 나눌 수도 있습니다. 본격적으로 회의를 시작하기에 앞서 도움이 되는 잡담을 나눈다고 생각하시면 쉽습니다. 인사를 한 후에 한마디만 더 덧붙이시면 됩니다. 날씨, 취미, 뉴스, 가족, 건강,

음식 등의 가벼운 소재로 대화를 이어나가 보는 겁니다. 혹은 상대방의 근황을 물어보거나 공통 관심사 혹은 흥밋거리를 소재로 대화를 나눌 수도 있습니다.

입보다는 눈으로 정보를 공유하라

체크인 대화로 분위기를 형성한 후 회의를 시작했다면, 이제 회의에 필요한 정보를 효율적으로 공유하는 일이 남았습니다. 그런데 지금의 회의는 대부분 정보 공유를 위해 한 사람씩 나와 자료를 띄워 놓고 다수를 대상으로 설명을 하는 방식을 활용합니다. 회의보다는 보고에 가까운 모습입니다. 회의가 최악의 회의로 기억되는 이유입니다.

물론, 원활한 그룹의 대화를 위해서는 회의에 참석한 모든 사람이 비슷한 수준의 정보와 이해도를 가지고 있어야 합니다. 그러다 보니 회의에 모인 사람들이 돌아가면서 뭔가를 설명하게 되죠. 하지만 정보를 공유하는 데에 너무 많은 시간을 할애하게 되면 그만큼 논의할 수 있는 시간이 줄어들게 됩니다. 정보를 보다 효율적으로 공유할 수 있는 방법이 필요한 거죠.

이런 문제를 해결하기 위해서는 소리 없이 읽는 '침묵의 정독(silence reading)'으로 회의를 시작할 수 있습니다. 아마존의 일하는 방식으로도 유명한 회의 방법입니다. 사전 공유한 자료, 회의 현장에서 공유해야 하는 자료 등이 있다면 모두가 다 같이 소리 없이 눈으로 빠르게 읽고, 바로 논의로 들어가는 방법입니다. 대개 분량에 따라 15분에서 20분 가량 읽는 시간을 가지면 됩니다. 기억하세요.

입보다는 눈이 훨씬 빠르다.

대개 사람들은 사전 자료는 회의를 시작하기 며칠 전에 미리 공유하는 것이 좋다고 주장합니다. 틀린 말은 아닙니다. 하지만 실제로 일하는 현장을 보면 사람들은 모든 사전 자료를 읽고 내용을 숙지한 후에 회의에 참석할 만큼 여유롭지 않습니다. 결국 누군가는 사전에 자료를 보지 못하고 참석하게 됩니다. 이 사람은 실패 경험을 가지고 회의를 시작하는 것입니다. 결국 사전에 자료를 공유했지만 이 사람을 위해 다시 한번 무언가를 설명하는 시간을 가지게 됩니다. 특히, 사전 자료를 읽지 못하고 참석하는 사람은 가장 바쁜 하루하루를 보내고 있는 리더일 가능성이 높습니다. 우리는 그가 성공 경험을 가지고 회의를 시작할 수 있도록 도와야 합니다. 그렇기 때문에 사전에 자료를 공유했어도 회의를 시작하면 침묵의 정독 시간을 가지는 것이 좋습니다. 사전에 읽고 들어온 사람은 다시 한 번 생각을 정리할 수 있고, 읽지 못하고 들어온 사람은 자료를 빠르게 읽어 나가며 논의에 필요한 정보를 이해하면 됩니다.

아마존에서는 침묵의 정독을 효율적으로 진행하기 위해서 '파워포인트 사용을 금지'하고 대신 '6 pager'를 사용합니다. 아마존의 사례를 보시면 침묵의 정독이 어떤 맥락에서 그룹의 대화를 효율적으로 만드는지 이해할 수 있을 겁니다.

가. 파워포인트 사용 금지

아마존의 회의에서는 파워포인트(PPT)를 사용하지 않습니다. 최대한 사용을 지양한다고 합니다. 아마존 외에도 이와 같이 파워포인트 사용을 금지하는 기업들이 더 있습니다. 새롭게 야후의 CEO로 취임한 마리사 메이어(Marissa Ann Mayer)가 가장 먼저 한 일 중 하나가 바로 파워포인트 사용을 금지하는 것이었습니다. 페이스북 COO(최고업무책임자)인 셰릴 샌드버그(Sheryl Sandberg)도 구글에서 페이스북으로 옮긴 직후 자신과의 회의에서만큼은 파워포인트를 사용하지 말아 달라고 당부했습니다. 국내에서도 현대카드가 정태영 부회장의 지시에 따라 한 달간 파워포인트 사용을 금지하는 '제로(ZERO) PPT 캠페인'을 실시하기도 했습니다. 당시 캠페인을 알리는 정태영 부회장의 개인 SNS 글이 1만 4000명의 지지를 받을 정도로 폭발적인 반응을 얻기도 했습니다.

아마존 외 다수의 기업들이 파워포인트 사용을 금지하는 이유는 무엇일까요? 파워포인트를 사용해 자료를 작성하다 보면 내용보다는 디자인에 신경을 많이 쓰게 되기 때문입니다. 디자인이 내용을 압도하는 PPT를 만들기보다 본질 자체에 집중할 수 있는 시간을 확보하자는 것이죠. 또한, 파워포인트 사용 금지는 단순히 회의 준비 시간을 절약하기 위함이 아닙니다. 파워포인트를 만드는 데에 집중하는 것이 직원들의 사고의 확장을 방해하기 때문입니다. 파워포인트는 프로그램의 특성상 내용을 지나치게 요약해서 페이지를 구성해야 합니다. 문제는, 이러한 단순화가 세밀한 부분을 놓치게 만들거나 우리의 생각마저도 단순화시키는 경향이 있다는 것입니다.

더 깊이 있는 생각을 하기 위해서는 PPT를 만들기보다, 스토리 및 서술 중심으로 회의에서 다루는 중요 사안을 천천히 묘사하는 것이 더 효과적입니다. 이것을 우리는 내러티브 형식의 사전 자료를 작성한다고 표현합니다. 이어서 설명드리는 '6 pager'가 내러티브 형식의 자료에 해당합니다. 물론 서술식의 글로 작성하는 것도 쉽지만은 않습니다. 그래서 아마존에서는 실제로 이런 방식을 채택하기 위해 새로운 직원을 채용할 때 글쓰는 역량을 평가했다고 합니다.

나. 6 pager

아마존에서는 파워포인트를 사용한 발표보다는 6페이지 이내의 관련 글을 공유합니다. 그리고 이 글을 '6 페이저(pager)'라고 칭합니다. 이 글 안에는 회의에서 논의하는 사항과 관련된 배경과 이슈, 이슈에 대한 가능한 접근법, 접근 방식 간의 비교, 앞으로 취할 행동, 예상 결과 등과 같은 정보가 담겨 있어야 합니다. 이 6페이지 이내의 글을 읽고 누구나 쉽게 이해될 수 있도록, 모두가 논의를 준비할 수 있도록 만드는 것이 핵심입니다. 그리고 특별히 새로운 사업을 논의하는 회의라면 미래에 그 사업이 신문 기사로 보도된다는 상상을 하면서 작성하도록 하고 있습니다. 목표가 달성됐다는 가정하에 사업의 결과물과 함께 특별히 아마존에서 집중하는 '고객 가치 전달' 측면에서 이 사업이 고객과 사회에 어떤 영향을 미칠지를 상상하면서 자료를 작성하게 만드는 것입니다.

| 6 pager 핵심 내용 |

- 배경과 질문
- 질문에 답하기 위한 접근 방식(누가, 어떻게, 그리고 예상되는 결과)
- 접근 방식 간의 비교
- 앞으로 취할 행동, 그리고 그 결과가 어떻게 고객과 회사에 혁신을 가져 올 것인지에 대한 설명
- 새로운 사업을 구상할 때는 '신문 기사 형태의 글' 작성

이처럼 회의에 필요한 분위기를 형성하는 '체크인 대화'와 효율적으로 정보를 공유하며 시작하는 '침묵의 정독'은 대단한 행동은 아닙니다. 그러나 회의를 바꾸는 데 필요한 것은 거창한 무언가가 아니라, 이처럼 소소하지만 시시하지는 않은 작은 행동들입니다. 하나의 작은 행동을 더해서 우리 회의의 출발점을 바꿔 보시길 바랍니다.

의견 교환을 위해서는 꼬리표를 잘라라

한 가지 질문으로 시작을 해 보려 합니다. 여러분들이 생각하기에 '의견이 많은 회의'는 좋은 회의인가요? 단순하게 생각한다면 '당연히 좋은 것 아닌가?'라는 생각이 들 수 있습니다. 하지만 회의에서 중요한 것은 의견의 '양'이 아닙니다. '의견 간의 교환'이 많이 이뤄지는 것이 더 중요합니다. 의견은 많지만 그 의견이 한 명의 의견이라면 어떨까요? 그건 회의가 아니라 설명회나 잔소리에 가깝습니다. 그렇다면, 의견은 많은데 정리되지 않은 의견이라면 어떨까요? 의견은 많지만 결국 회의는 길을 잃고 더 복잡해지기만 합니다. 이처럼 회의에서 중요한 것은 '의견'이 아니라 '의견 간의 교환'입니다. 그리고 회의 중에 일어나는 수많은 의견 교환 상황을 참여자들은 정확하게 이해하며 따라갈 수 있어야 합니다.

그럼 의견 간의 교환을 어떻게 촉진할 수 있을까요? 먼저, '의견'이 많아야 한다는 것이 출발점입니다. 시작부터 쉽지가 않습니다. 회의 참여자들이 의견을 많이 낼 수 있게 만들기 위해서는 한 가지를 꼭 명심해야 합니다.

의견에 따라붙어 다니는 사람의 꼬리표를 잘라야 한다.

회의에서 제시되는 의견에는 언제나 꼬리표가 따라붙습니다. 의견을 낸 사람의 이름표가 따라붙는 겁니다. 그리고, 이 꼬리표는 다른 사람이 의견을 내는 것을 방해합니다. 회의를 하다 보면 '다른 관점의 의견'을 내야 할 때가 있는데, 관계를 중시하는 한국 사회에서는 '다른 관점의 의견'이 '반대 의견'으로 비춰지는 경우가 많기 때문입니다. 누군가의 의견에 반대하는 것이 마치 그 사람을 적대하는 것처럼 보일까 봐 사람들은 염려하게 되죠. 결국 비슷한 결의 의견들만 더 나오게 되고 회의는 마치 모두가 동의한 것처럼 마무리되고 맙니다. 이것이 모두 '꼬리표'의 문제입니다. 따라서 회의를 진행하는 사람은 이 꼬리표를 자르는 습관을 가지셔야 합니다. 그래야 사람들이 '발언자'가 아닌 '발언'에 집중할 수 있습니다.

꼬리표를 자르는 첫 번째 방법은 바로 이것입니다. 가령 누군가가 의견을 냈을 때 다른 참여자에게 "○○○님의 의견에 대해서 어떻게 생각하시나요?"라고 말하기보다 "A안건에 대해 ○○○해야 한다는 의견에 대해서 어떻게 생각하시나요?"라고 말하는 겁니다. 사람을 지칭하는 표현을 빼고, 의견을 지칭하는 표현만 남기는 것이죠.

두 번째 방법은 꼬리표의 영향력을 최소화하는 방법입니다. 회의 참여자들 간에 직급의 차이가 있고, 위계가 있다면 최상위 리더의 의견은 가장 마지막에 물어보는 것이죠. 최상위 리더가 가장 마지막에 말하는 사람이 되게 하는 것이 중요합니다. 한번 생각해 보세요. 나의 리더가 어떤 의견을 냈는데, 바로 다음 내 차례에 다른 의견을 내려면 어떨 것 같으신가요? 아마 엄청 '큰 용기'가 필요할 겁니다. 대부분 속으로 의견을 삼키기 마련이죠.

세 번째 방법은 참여자 모두가 포스트잇에 의견을 작성하는 방법입니다. 발언을 하기 전에 먼저 포스트잇에 의견을 작성할 시간을 줍니다. 이 시간 동안 참여자들은 누군가의 의견에도 휘둘리지 않고 온전히 자신의 의견을 적어 내려갈 수 있죠. 모두 작성이 끝나면, 진행자가 작성된 포스트잇을 수집합니다. 그 이후 개개인이 작성한 의견을 하나씩 들어 보면서 회의를 진행하면 됩니다. 온라인 회의라면 진행자에게 개별 채팅을 보내는 기능을 활용할 수 있습니다. 회의 플랫폼에 따라 개별 채팅 기능이 없다면, 채팅창에 의견을 작성하고 모두가 작성이 완료될 때까지 기다렸다가 동시에 enter 키를 누르는 방법을 활용할 수도 있습니다.

그런데 회의에서 포스트잇을 사용하는 것에 회의적인 사람들이 많습니다. 포스트잇과 같은 도구는 워크숍이나 교육에서나 사용하는 것으로 직장 내 회의에는 적합하지 않다고 생각하죠. 하지만, 유연한 회의 문화를 가진 조직일수록 실제로 포스트잇을 잘 활용하고 있습니다. 포스트잇이라는 도구와 친해지는 것이 중요합니다. 도구 자체의 문제가 아닙니다. 사람들이 포스트잇에 대해 가지고 있는 고정관념의 문제입니다.

네 번째 방법은 소그룹으로 나눠서 대화하는 방식입니다. 그룹별로 의견을 교환하고 교환한 내용을 텍스트로 정리합니다. 전체가 다시 모였을 때는 텍스트로 정리된 것을 공유하기 때문에 다른 그룹에 있었던 사람들은 누가 처음 낸 의견인지 알 수 없게 됩니다. 이렇게 하면 더 솔직한 의견의 교환이 가능해집니다.

마지막 방법은 익명의 온라인 협업 도구를 활용하는 것입니다. 최근 비대면으로 진행되는 온라인 회의가 급증함에 따라 다양한 온라인 협업 도구가 활용되고 있습니다. 기본적인 구글 독스(docs), 슬라이드(slides), 스프레드시트(sheets)부터 패들렛(Padlet), 뮤랄(Mural), 미로(Miro) 등과 같이 협업 도구를 제공하는 플랫폼이 많습니다. 이런 협업 도구를 활용한다면 회의 사전에 혹은 회의 도중에 익명으로 의견을 받을 수 있습니다. 가능하다면 사전에 사람들이 익명으로 의견을 편하게 남길 수 있도록 합니다. 그리고, 회의 시작 전에 받은 의견들을 그룹핑하고 정리한 후에 회의에 들어간다면 조금 더 빠르게 논의로 들어갈 수 있습니다.

추가로 의견을 교환하는 브레인스토밍 단계에서 대화를 이끄는 사람이 유념해야 하는 것이 있습니다. 특정 의견에 대한 토의로 빠지지 않도록 사람들을 이끄는 것입니다. 브레인스토밍의 1차 목표는 질보다는 양입니다. 일단 최대한 다양한 관점에서 의견을 받아 본 후에 나온 의견들을 쭉 보면서 논의를 이어 나가야 합니다. 도중에 그룹의 대화가 특정 의견에 대한 토의로 흘러가 버리면 나오는 의견의 양 자체가 확연히 줄어들게 됩니다.

그리고 1차적으로 브레인스토밍이 끝나면 그 이후에는 발산한 의견을 분류(그룹핑)해야 합니다. 그룹핑을 하지 않으면 브레인스토밍한 수많은 의견이 정리되지 않은 채 머릿속에 떠다니는 것과 같습니다. 비슷한 의견들끼리 모아 분류를 해 주면 지금까지 나온 의견들이 사람들의 머릿속에서 구조화되고 정리됩니다. 우리가 놓친 영역의 아이디어는 없는지 발견할 수도 있습니다. 나온 의견들을 서로 결합하거나 개선하는 것도 훨씬 더 수월해집니다. 예를 들어 점심 식사 메뉴에 대해 브레인스토밍한다고 가정해 보겠습니다. 1차적으로 생각나는 대로 음식 메뉴를 교환합니다. 그 이후 그룹핑해 보니 음식 메뉴가 한식, 일식, 중식으로 분류되었다고 가정해 봅시다. 그러면 우리는 이제 다음과 같이 말할 수 있습니다.

"아! 양식에 해당하는 메뉴가 빠졌구나."
"아! 한식에 있는 메뉴 A와 일식에 있는 메뉴 B를 결합하면 퓨전 음식 C라는 메뉴를 만들 수 있겠구나."

이렇게 그룹핑은 우리가 더 많은 의견을 꺼내 놓고 교환할 수 있도록 만들어 줍니다. 추가적인 브레인스토밍 활용 방안이 궁금하시다면 아래 사항을 참고해 보시길 바랍니다.

최근에 만난 교육담당자 A 부장은 다음과 같이 질문했습니다. "이미 브레인스토밍에 대해선 많이 배웠습니다. 이제 좀 식상해요. 뭔가 다른 게 없을까요?" 많이 배우면 그걸로 완벽한 걸까요? 과연 배운 것을 잘 안다고 할 수 있을까요? 그렇다면 브레인스토밍을 잘 안다는 것은 무엇일까요? 브레인스토밍의 뜻을 아는 것, 브레인스토밍의 기본 철학을 이해하는 것, 브레인스토밍의 절차를 알고 있는 것일까요? 모두 아닙니다. 브레인스토밍을 잘 안다는 것은 브레인스토밍을 잘 활용하는 것을 의미합니다.

그렇다면 브레인스토밍은 언제 활용할 수 있을까요? 바로, 많은 아이디어가 필요할 때입니다. 예를 들어, 한 회사에서 신제품을 개발했다고 가정하겠습니다. 제품의 이름을 정해야 하는데, 이럴 때 브레인스토밍이 효과적입니다. 반면, 한 회사에서 새로운 시스템을 구축하기로 했습니다. 시스템 제공 업체를 선정해야 하는데, 이때도 브레인스토밍이 필요할까요? 아닙니다. 이때는 아이디어 도출이 필요하지 않습니다. 그저 업체나 시스템의 특장점을 비교하면 됩니다. 의사 결정을 위한 분석 회의를 진행해야 하는 거죠. 이런 회의를 해야 할 때 "브레인스토밍 합시다."라고 얘기한다면 당신은 회의를 망치는 사람입니다. 브레인스토밍은 창의적인 아이디어를 생산하기 위한 도구입니다. 브레인스토밍의 4대 원칙이 있습니다.

- 비판 금지 : 비판을 하지 않으면 더 많은 아이디어를 얻을 수 있다.
- 자유분방 : 자유분방한 분위기를 조성하여 파격적인 아이디어를 얻는다.
- 질보다 양 : 아이디어는 많을수록 좋다.
- 아이디어 편승 : 남의 아이디어에 자신의 아이디어를 편승해도 좋다

창의적 아이디어와 디자인으로 유명한 IDEO사는 4가지 원칙에 3가지를 덧붙였습니다.

- 주제에 집중합니다.
- 경청합니다.
- 시각적으로 표현합니다.

효율적인 브레인스토밍을 위해서는 6-3-5기법을 활용하는 것이 좋습니다. 6-3-5기법이란, 6사람이 각자 3개의 아이디어를 5분 안에 작성하는 것을 의미합니다. 진행자는 주제에 대해서 충분히 설명하고 구체적으로 명확히 해서, 모든 사람이 잘 이해했는지 확인하고 시작하는 게 필수입니다. 그 다음 A4용지를 가로로 3칸, 세로로 6칸이 되도록 접어 참가자 모두에게 나눠 줍니다. 회의 진행자가 시작을 알리고 시간을 잽니다. 5분간 참가자들은 막 떠오른 3개의 생각을 A4용지에 써 내려갑니다. 마지막 1분 전에는 회의 진행자가 예비신호를 주는 것도 좋습니다. 정해진 5분이 끝나면, 참가자들은 자신의 아이디어가 작성된 A4용지를 옆 사람에게 전달합니다. 종이를 건네 받은 참가자는 혹시 궁금한 게 있다면 잠깐 물어보고 진행자는 다시 시간을 잽니다. 참가자는 제한된 5분 안에 좋은 생각이 계속 떠오른다면 계속 써 나가면 됩니다. 더 이상 떠오르지 않는다면, 앞사람이 쓴 내용을 읽어 봅니다. 거기에 덧붙일 게 있는지 살펴보고, 있다면 써넣으면 됩니다.

이렇게 다섯 바퀴를 돌면 30분이 흘러갑니다. 그러면 몇 개의 아이디어가 모였을까요? 108개가 모입니다. 정말 많죠? 4명이 하면 48개, 5명이 하면 75개, 7명이 한다면? 한번 계산해 보세요. 147개입니다.

이런 방식으로 아이디어를 모으는 것을 브레인스토밍이라고 합니다. 비슷한 방법으로, 브레인라이팅(Brainwriting)도 있습니다. 브레인스토밍이 참가자들이 얼굴을 맞대고 구두로 의견을 내면서 아이디어를 모으는 것이라면, 브레인라이팅은 일단 말보다는 글을 이용합니다. 시간이 부족할 때 활용하면 좋은 방법입니다. 작은 쪽지에 한 가지 생각을 써서 책상에 올려 두고, 다른 사람이 쓴 종이를 가져가서 내 의견을 덧붙여 써내는 것입니다.

질문 후엔 반드시 쉼표를 찍어라

철학자 볼테르는 '한 사람의 수준은 그 사람의 대답 능력이 아니라 질문 능력에 있다'고 말했습니다. 그룹의 대화를 이끌기 위해서는 좋은 질문을 던질 수 있어야 합니다.

가. 지목 질문

회의를 진행하는 사람은 대개 다음과 같이 질문을 던집니다.

"OOO님, 해당 안건에 대해서 어떻게 생각하시나요?"

이런 질문을 우리는 지목 질문이라고 부릅니다. 특정 회의 참석자를 지목해서 질문하는 방식입니다. 지목 질문을 영어로 Rifle-shot Question이라고 표현합니다. 저격형 질문으로 번

역될 수 있습니다. 저격은 저격수가 누군가를 죽이기 위해서 하는 것입니다. 그만큼 누군가를 지목하는 질문 방식은 공격적인 질문 방법입니다. 질문의 목적은 상대방의 생각이 시작될 수 있도록 돕는 것에 있습니다. 하지만, 내가 누군가를 지목하는 순간 상대방은 당황하게 되고, 설익은 답변을 하게 됩니다. 대화를 이끄는 나는 설익은 답변만을 듣고 그 사람을 판단하게 됩니다. 무엇보다 내가 A를 지목해서 질문을 던지면 그 옆에 앉아 있는 B와 C가 긴장한다는 것이 가장 큰 문제입니다. 그 다음 차례가 본인일 수 있다는 생각에 A의 발언에 경청하지 못하고 자신이 발언할 내용을 정리하기 바빠집니다. 이처럼 누군가를 지목해서 던진 한 번의 질문은 생각보다 많은 영향을 미칩니다. 그래서, 누군가를 지목하기보다는 전체에게 질문을 던지는 것이 더 좋은 질문 방식입니다.

그렇다고 그룹의 대화를 이끄는 사람이 누군가를 한 번도 지목하지 않고 대화를 이끌기란 현실적으로 더 어려운 법입니다. 누군가를 지목해서 질문을 던져야 하는 상황이라면 왜 그 사람을 지목했는지 특별한 이유와 함께 질문을 던지면 됩니다. 가령 다음과 같이 말할 수 있습니다.

"OOO님, OOO님께서 현재 프로젝트와 유사한 경험이 가장 많으시니 질문을 드리려고 합니다. OOO에 대해서 어떻게 생각하시나요?"

나. 전체 질문 후 지목 질문

지목 질문이 공격적인 질문 방식이기 때문에 우리는 전체에게 질문을 던집니다. 그런데, 아무도 의견을 주지 않고 침묵이 발생할 수 있습니다. 그러면 진행자는 침묵을 깨기 위해 다시 누군가를 지목해서 질문을 던지게 됩니다. 이런 질문 방식을 시한폭탄 질문(Time Bomb Question)이라고 합니다. 전체에게 질문이 던져지고 모두가 침묵할 때, 사람들은 그 순간을 시한폭탄과 같이 여긴다는 겁니다. 이 폭탄이 언제 질문으로 나에게 던져질지 모르니 사람들은 긴장하게 됩니다. 시한폭탄 질문도 지목 질문처럼 공격적인 질문 방식입니다. 지양하는 것이 좋습니다.

하지만, 의도적으로 사용할 수도 있습니다. 특별한 이유와 함께 누군가를 지목해서 질문을 던지면 되는 상황이지만, 의도적으로 전체에게 먼저 질문을 던지고, 그 이후에 누군가에게 질문을 던지는 겁니다. 이런 방식으로 회의 참석자의 집중과 참여를 지속해서 이끌어 낼 수 있습니다. 그룹의 대화에 적당한 긴장감을 심어주는 방법입니다.

다. 거울 질문

누군가가 질문을 던졌을 때, 그 질문을 다른 참석자에게 던지지 않고 다시 질문을 한 사람에게 되묻는 방식입니다. 가령, A라는 사람이 해당 이슈에 대해서 "어떻게 하는 것이 좋을까요?"라는 질문을 던졌다고 가정해 봅시다. 이때 진행자가 다른 참석자들을 향해 "의견 있으신 분들은 말씀 부탁드립니다."라고 하는 것이 아니라 "A님은 어떻게 생각하시나요?"라고 질문을 되돌려주는 것입니다. 이런 질문 방식은 질문한 사람이 스스로 먼저 생각하고 발언할 수 있는 기회를 제공합니다. 혹은 대화를 이끌면서 내가 답하기 어려운 질문을 받았을 때 활용할 수도 있습니다.

라. 질문 후에 쉼표를 찍는 방법

가장 무난하고 활용하기 용이한 질문 방식은 질문 후에 쉼표를 찍는 방법입니다. 방법은 아주 간단합니다.

1. 전체에게 먼저 질문을 던지고 누군가가 발언하기 전까지 기다립니다.
   (침묵이 길어지면, 생각을 정리할 수 있는 시간을 주고 있음을 설명합니다.)
2. 침묵 후에는 다시 전체에게 동일한 질문을 던집니다.
3. 침묵이 길어지면, 침묵을 메꾸려고 하지 않고 각자 작성할 수 있는 시간을 줍니다.

4. 작성이 끝나면, 다시 전체에게 질문합니다.
5. 그래도 아무도 발언하지 않으면, 옆 사람과 먼저 작성한 내용을 가지고 대화를 나누게 합니다.
6. 마지막으로 전체에게 질문을 던지거나, 누군가를 지목해서 질문을 던집니다.
(위 단계를 모두 거친 후에 누군가를 지목해서 질문하는 것은 충분히 생각을 정리할 시간적 여유를 제공한 상태에서의 질문이기 때문에 괜찮습니다.)

이렇게 질문 후에 쉼표를 찍는 방식의 원리는 다음과 같습니다. 누군가가 참석한 모두를 대상으로 발언할 수 없을 때 먼저 머릿속에 있는 생각을 종이 위에 꺼내 놓게 만듭니다. 그래도 발언할 수 없다면 옆 사람과의 대화를 통해 입 밖으로 꺼낼 수 있도록 돕습니다. 머리에서 종이로, 종이에서 입으로 순차적으로 꺼내 놓게 만드는 전략입니다. 그 이후 다시 전체에게 질문을 던지면 사람들은 조금 더 편안하게 자신의 의견을 말하게 되고, 그룹의 대화는 조금 더 편한 분위기에서 이어집니다.

추가적으로 그룹의 대화를 잘 이끌기 위해서는 질문 후 상대방의 답변을 '되말하기'하는 것이 좋습니다. 되말한다는 것은 상대방이 발언한 내용을 요약해서 다시 말하는 것을 의미합니다. '되말하기' 이후에 다음과 같이 확인 질문을 던질 수 있습니다.

"~하는 것이 좋겠다는 의견으로 이해했습니다. 맞습니까?"
"주신 의견을 한 문장으로 이렇게 정리하면 될까요?"

'되말하기'가 항상 필요한 것은 아닙니다. 상대방의 발언이 모호한 경우, 상대방의 발언이 정리되지 않은 경우, 상대방이 너무 길게 발언할 경우에만 '되말하기'를 통해 발언 내용에 대한 이해도를 높여 주시면 됩니다. 나의 '되말하기'를 통해 다른 사람들은 발언 내용을 더 명확하게 이해할 수 있습니다. 그룹의 대화이기 때문에 대화 중간에 지금까지의 논의 내용을 한 번씩 정리해 주시는 것도 좋습니다.

"지금까지 서로 교환한 의견을 정리해 보면 다음과 같습니다."
"지금까지 논의한 내용을 1차적으로 정리해 보면 다음과 같이 요약할 수 있습니다."

이렇게 중간에 그룹의 대화를 정리해 주면, 정리된 대화 위에 또 다른 대화를 쌓는 구조로 대화를 이어 나갈 수 있습니다.

칭찬으로 대화에 활기를 더하라

　매사마골(買死馬骨)이라는 고사성어가 있습니다. 죽은 말의 뼈를 산다는 뜻입니다. 춘추전국시대의 어느 나라 왕이 천리마를 구하고자 했습니다. 그러나 왕이 사려고 했던 말은 이미 죽은 뒤였습니다. 신하는 곰곰이 생각하다가 말의 뼈를 사서 돌아왔습니다. 크게 노한 왕이 나무라자 그 신하는 잠시 기다리면 백성들이 알아서 천리마를 끌고 찾아올 것이라고 말했습니다. 시간이 지나자 정말로 천리마를 가진 백성들이 하나둘씩 나타났고 왕은 천리마를 쉽게 손에 넣을 수 있었습니다. 백성들이 "죽은 뼈의 말도 제값을 주고 사 간 왕이라면, 살아 있는 나의 천리마는 분명 더 큰 값을 주고 사 갈 것이다."라고 믿었기 때문입니다. 이 이야기를 통해 우리가 얻을 수 있는 교훈은 다음과 같습니다.

좋은 의견이 아닌 어떤 의견이든 박수를 쳐야 한다.

그룹의 대화에서 '천리마'는 '좋은 의견'과 같습니다. 그룹의 대화를 이끄는 사람은 참여자들이 좋은 의견을 꺼내 놓기를 바랍니다. 하지만 사람들이 좋은 의견을 꺼내 놓기 위해서는 죽은 뼈의 말을 사는 행동이 먼저 선행되어야 합니다. 좋은 의견에만 박수를 치게 되면 사람들은 점점 자신의 의견이 '좋은 의견'에 가까운지 스스로 검열하게 됩니다. 선뜻 말하기를 주저하게 됩니다. 그래서, 그룹의 대화를 이끄는 사람은 본인이 느끼기에 좋은 의견이든 아니든 용기를 내어 말한 사실 자체에 격려를 보내야 합니다. 다음 두 문장의 뉘앙스를 한 번 살펴보죠.

"지금 주신 의견은 50점입니다. 100점이 되기 위해서는 A 관점에서 의견을 주시기 바랍니다."
"지금 주신 의견은 만점입니다. 감사합니다. 혹시 A 관점에서의 의견도 첨언해 주실 수 있을까요?"

여러분은 어떤 문장으로 대화를 이끄는 사람과 함께하고 싶으신가요? 나의 의견이 좋은 의견일지 아닐지 조바심을 느끼기보다 서로 편안하게 대화 나누고 싶지 않으신가요? 그러기 위해서는 대화에 참여한 사람들을 격려하고 칭찬하는 것이 중요합니다.

첫 번째 칭찬 방법은 '역시'라는 단어를 많이 사용하는 겁니다.

'역시'는 매우 유용한 단어입니다. 센스 있게 누군가를 칭찬하는 방법입니다. 그 이유는 '역시'라는 단어는 기대감을 가지고 있었는데 그 기대감을 충족시켜 감탄하지 않을 수 없다는 의미를 내포하고 있기 때문입니다. 이전부터 상대방에 대해 좋게 생각하고 있었다는 의중을 넌지시 표현할 수 있습니다. "역시 OOO입니다."라는 표현을 자주 사용해 보세요. 혹은 "해당 업무는 역시 OOO 님이 전문가인 것 같습니다."라고 표현해 보세요. 한마디의 칭찬이 대화에 활기를 더하고 분위기를 좋게 만들 수 있습니다.

두 번째 칭찬 방법은 질문으로 칭찬을 마무리하는 겁니다.

다음 두 가지 칭찬 문장을 살펴보겠습니다.

"너무 예쁘세요."
"예뻐지는 비결이 뭔가요? 좀 알려 주세요."

두 칭찬 방식의 차이점은 첫 번째 칭찬은 칭찬 이후에 대화가 이어지지 않지만, 질문으로 칭찬을 마무리하면 대화가 자연스럽게 이어진다는 겁니다. "이거 도대체 어떻게 하신 건가요?", "너무 수고하셨을 것 같은데 도대체 시간이 얼마나 걸렸나요?", "정말 좋네요. 노하우가 뭔가요?" 와 같이 질문으로 칭찬하는 방식은 상대방의 기분을 더 좋게 만듭니다. 또한, 자신이 쏟은 노력을 스스로 이야기할 수 있는 기회를 상대방에게 제공하게 됩니다.

세 번째 칭찬 방법은 실제로 박수를 치는 겁니다.

기업의 회의를 모니터링하다 보면 실제로 박수를 치는 경우를 간혹 보게 됩니다. 신기하게 박수 하나가 분위기에 활력을 더해 주는 것을 확인할 수 있습니다. 박수로 서로를 격려하고 칭찬을 주고받는 것은 가장 단순하면서도 확실한 방식입니다. 돌아가면서 의견을 말할 때 개개인의 발언이 끝날 때마다 다 같이 박수를 쳐 보세요. 처음에는 어색할 수 있지만, 하나의 문화로 자리잡기만 하면 가장 손쉽게 활기를 더하는 방법이 될 수 있습니다.

네 번째 칭찬 방법은 그 사람의 평판을 높여 주는 겁니다.

칭찬은 꼭 회의 도중에 공개적으로 해야 하는 것은 아닙니다. 도움 받은 것이 있다면 공개적으로 언급하며 감사를 표현하는 것도 물론 좋은 칭찬 방법입니다. 회의가 끝난 후에 찾아가 1 대 1로 "이번 회의 잘 진행할 수 있게 된 건 다 ○○○ 님 덕분입니다."라고 이야기하는 방법도 있습니다. 또 다른 칭찬 방식은 직접적으로 칭찬하는 것이 아니라 다른 사람에게 간접적으로 칭찬하는 방식입니다. 가령 회의에 참여했던 또 다른 사람에게 찾아가 다음과 같이 말하는 겁니다.

"A님, B님 정말 대단하지 않아요? 저도 B님처럼 일하고 싶어요. 이번 회의 준비할 때도 B님이 많이 도와주시고, B님이 회의에서 주셨던 의견 때문에 회의 잘 마무리할 수 있었던 것 같아요."

이처럼 B를 직접 칭찬하는 것이 아니라, 다른 사람에게 B를 칭찬하는 것이 바로 그 사람의 평판을 높여 주는 칭찬 방식입니다. 이 칭찬은 A를 통해 B에게 전달됩니다.

"B님, 지난 회의 때 ○○○ 님 많이 도와주셨다면서요? ○○○ 님이 감사했는지 B님 칭찬을 엄청 하더라고요."

다른 사람을 통해 칭찬 소식을 전해 들은 B 님은 어떤 기분이 들까요? 때로는 직접적인 칭찬이나 감사의 표현보다 더 듣기 좋은 칭찬일 수 있습니다.

개인의 기억이 아닌 집단의 기억을 기록하라

의견 간의 교환이 이뤄졌다면, 이제 이 의견들이 사람들의 머릿속에 잘 정리되도록 해야 합니다. 이를 위해서 대부분 사용하는 것이 '메모'입니다. '회의록'을 작성하기도 합니다. 하지만 여기서 문제가 발생합니다. 개개인이 개별적으로 메모를 한다는 사실입니다. 이렇게 되면 서로가 내용을 어떻게 이해하고 있는지 확인할 수가 없습니다. 똑같은 내용도 누군가는 전혀 다르게 이해하고 있을 수 있습니다. 회의를 이끄는 진행자도 참여자들의 이해도를 파악할 수 없어 회의를 이끌기가 더 어려워집니다. 기억하세요.

회의는 개인의 기억이 아닌, 집단의 기억을 관리하는 시간과 공간이다.

회의에서는 개별 노트에 메모를 하는 것이 아니라 회의 진행자가 대표로 모두가 볼 수 있는 곳에 실시간으로 회의록을 작성하고, 다른 참여자들은 작성되는 내용을 보면서 회의에 참여하는 것이 중요합니다. 물론 때로는 회의 진행자도 내용을 잘못 이해해서 다르게 작성할 수 있습니다. 걱정하지 않아도 됩니다. 잘못 작성되는 내용을 모든 참여자들이 보고 있기 때문에, 의견을 낸 사람이 수정 요청을 하면 됩니다. 다른 참여자 중에서도 혹시나 진행자와 같이 잘못 이해한 사람이 있다면 수정된 내용을 보고 올바르게 따라올 수 있습니다.

온라인 회의에서는 주로 화면 공유 기능을 활용해 실시간으로 작성을 하거나, 누군가가 다른 자료를 공유하고 있다면 채팅창에 핵심 내용을 요약해서 입력해 나가는 방식이 있습니다. 그러면, 채팅창에 남아있는 텍스트가 집단의 기억장치가 되어서 사람들이 회의 논점을 잃지 않고 따라올 수 있죠. '기록이 기억을 지배한다'라는 유명한 카메라 회사의 카피라이트처럼, 온라인 회의 내용을 어떻게 기록하느냐에 따라 참여자들의 기억은 달라지게 됩니다.

무엇보다 내가 그룹의 대화를 이끄는 사람이라면 한 번쯤은 펜을 들고 화이트 보드 앞에 서서 집단의 기억장치를 기록해 나가며 대화를 이끌어 보세요. 앉아서 그룹을 이끌 때는 느끼지 못했던 역동성을 경험하실 수 있을 겁니다. 메모를 하느라 고개를 숙여야 하는 사람들을 대화에 참여하게 만드는 것과 계속해서 나를 바라보는 사람들을 대화에 참여하게 만드는 것은 너무나도 다른 경험을 안겨줄 겁니다. 내가 이 그룹을 이끌고 있다는 것을 확실히 보여주고 싶다면, 이 방법보다 더 좋은 방법은 없습니다. 먼저, 다음 페이지의 예시와 같이 집단의 기억장치의 틀을 만들고 그룹의 대화를 기록해 나갈 수 있습니다.

다음 예시에서 한 가지 유심히 살펴보셔야 하는 것은 바로 'Parking Lot'입니다. Parking Lot은 주차장을 의미합니다. 왜 뜬금없이 집단의 기억장치에서 주차장이 등장할까요? 주차장은 바로 의견을 보관하는 장소를 뜻합니다. 가령 그룹의 대화를 이끌다 보면 논점이 벗어난 의견을 말하는 사람이 있습니다. 대화를 이끄는 사람 입장에서 참 난감한 상황입니다. 발언을 끊기도 애매하고 그냥 놔두자니 그룹의 대화가 산으로 갑니다. 이때 회의의 초점이 흐려지지 않도록 논점이 벗어난 의견을 잠시 Parking Lot에 보관해 두면 됩니다. 다음과 같이 말할 수 있습니다.

"OOO님, 지금 주신 좋은 의견 너무 감사합니다. 괜찮으시다면 오늘 회의의 논점과는 조금 다르니 여기 Parking

| 화이트 보드 및 이젤패드에 작성한 집단의 기억장치 예시 |

왜 모이려고 하는가? (목적) : 조율 / 문제 해결 / 새로운 대안 / 기타

회의 종료 조건 (회의의 목표 기술)

핵심 논의 사항	Parking Lot

결정 사항

실행 사항

Lot에 제가 잠시 보관해 두었다가 시간이 남으면 다뤄 보
도록 하겠습니다. 지금은 대화의 논점인 OO에 모두가 집
중해 주시기 바랍니다."

이렇게 Parking Lot을 적절히 활용해 그룹의 대화를 이끌고
집단의 기억장치를 기록해 나가면 됩니다. 간혹 참여자의 발
언이 너무 길거나 모호한 경우가 있습니다. 이때 의견을 이해
하고 요약해서 집단의 기억장치에 작성하기 힘들다면 다음과
같이 상대방에게 역으로 핵심 한 문장을 요청하면 됩니다.

"OOO 님, 지금 주신 의견을 제가 한 문장으로 어떻게 정
리할 수 있을까요?"

핵심 한 문장 요청을 통해 회의 진행자는 더 손쉽게 집단의
기억장치를 기록해 나갈 수 있습니다. 공식적인 회의록을 문
서로 남겨야 한다면 화이트 보드 등에 작성된 집단의 기억장
치를 생생한 날 것(Raw Data) 그대로 사진을 찍어 공유하면 됩
니다. 회의록의 결과로서의 목적은 기록이지만 과정상의 목적
은 이해와 합의된 내용에 대한 신속한 공유와 실행이기에 이
렇게 공유하여도 문제가 될 것은 없습니다.

4장

그룹의 대화를
매듭지어라

'결론'과 '결정'은 다르다

주 52시간 근무(근로시간 단축 합의안)가 현실화되면서 많은 조직들이 업무 몰입(업무 효율화)을 강조하고 있습니다. 특히 업무 몰입을 방해하는 핵심 요인으로 회의를 꼽는 조직이 많은 듯합니다. 회의는 원래 업무를 더 잘 할 수 있도록 문제를 해결하고, 혼자 하지 못하니 함께 할 일을 결정하고 지원하는 과정인데 말입니다.

사람들을 더 몰입시킬 수 있는 도구인 회의가 오히려 업무 몰입을 저해하는 요인으로 낙인찍히는 것은 참으로 안타까운 일입니다. 그래서 많은 조직이 회의를 바꾸기 위한 노력을 기울이고 있습니다. 양적 측면에서는 횟수나 시간을 단축하기 위한 노력의 일환으로 정례 회의 폐지, 회의 횟수 제한, 회의실 예약 시스템, 회의 비용 산출, 회의 시간제한, 타이머 사용 등의 방법을 활용하고 있습니다. 물리적 양을 제한하는 것은 효율적인 방법입니다. 질적 측면에서는 수평적 조직 문화를 강조함과 동시에 회의 시 소통 및 생산적인 토론 활성화를 위해 노력하고 있습니다. 질적으로나 양적으로나 많은 노력이 필요한 것이 사실입니다. 하지만 여전히 부족하기만 합니다.

왜 그럴까요? 효율을 강조하다 보니 회의에서 발언에 대한 자유도는 점점 높아지고 있습니다. 자연스럽게 서로 자기 얘기를 하는 회의도 많습니다. 그런데 문제는 결론입니다. 서로 얘기는 잘하는데 결론 없이 끝나는 회의가 많습니다. 그래서 회의장을 떠나는 사람들이 "도대체 뭘 하겠다는 건데…", "이런 얘기하려고 모인 거야?", "아니, 그래서 결론이 뭐야? 너는 알겠어?", "또 모이라고 하겠지 뭐… 그때 물어보자…"라는 말을 합니다.

좋은 회의에는 의견이 있고, 결론이 있어야 합니다. 당연한 말입니다. 사실 지금까지 우리의 회의는 시간의 경과만큼 성숙도가 높아진 것은 아닙니다. 의견을 내는 법을 몰랐고, 의견을 낼 수 있는 환경(분위기)도 조성되지 못했습니다. 이는 최근 회의 효율화를 통해서 많이 개선되고 있습니다. 의견까지는 효율성(efficiency)의 문제입니다. 결론은 효과성(effectiveness)의 문제입니다. 제아무리 편안한 분위기에서 자유로운 의견 교환이 이루어지면 뭐 합니까? 결론이 없으면 말짱 헛일입니다. 회의가 효율적으로 진행되는 것 못지않게 중요한 것이 효과적으로 마무리하는 것입니다. 그런데 우리는 지금까지 질적, 양적 측면의 회의 효율화에만 집중했습니다. 이제부터는 회의 효과성에 대해서도 함께 생각해야 합니다.

'결론을 낸다, 결론을 짓는다'라는 것은 어떤 의미일까요? 먼저 결론과 결정이 다르다는 것을 이해해야 합니다.

결론 (結論) conclusion
❶ 말이나 글의 끝을 맺는 부분
❷ 최종적으로 판단을 내림 또는 그 판단

결정 (決定) decision
❶ 행동이나 태도를 분명하게 정함 또는 그렇게 정해진 내용
❷ <법률> 법원이 행하는 판결 명령 이외의 재판

회의에서의 결론이란 회의를 종결하는 것을 의미합니다. 결론에 포함되어야 하는 것은 1) 무엇을 할 것인가?(결정 사항), 2) 누가 할 것인가?, 3) 언제까지 할 것인가?, 4) 어떻게 할 것인가?(방법에 대한 합의)입니다. 결정이란 결론의 하위로 선택하는 것을 의미합니다. 1) 무언가를 한다, 2) 무언가를 하지 않

는다, 3) 무언가를 다음으로 미룬다, 4) 다시 논의에 올리지
않는다 중 하나를 선택하는 것입니다.

가. 효율을 높이는 의사 결정 도구

　먼저 무엇을 결정하기 위해서는 논의를 통해 모아진 아이디
어를 구체화하고 비교, 대조, 제거 등을 통해 정리하는 단계가
필요합니다. 이 단계를 통해 아이디어를 정리하기 위해서는
일정한 평가 기준이 필요합니다. 예를 들어 시급성, 중요성, 실
현 가능성, 경제적 비용 규모 등 유의미한 기준을 먼저 설정하
고 그 기준에 맞게 아이디어를 평가하고 정리하는 식입니다.
의사 결정의 기준을 함께 협의함으로써 관심을 한 방향으로
유도하여 결정 단계에 의견을 청취할 수도 있습니다. 기준에
대해 미리 논의하는 것이 보다 효율적인 결정을 할 수 있게 도
와줍니다. 이 과정을 도와주는 의사 결정 도구로는 아래와 같
은 4가지 방법을 활용할 수 있습니다.

[1] 매트릭스(Matrix)

　축이 되는 기준을 먼저 선정한 후 각각의 아이디어를 기준
에 맞추어 평가하는 방법입니다.

[2] 버블 정렬(Bubble Sort)

아이디어를 한 가지씩 직접 비교하여 우선순위를 결정하는 방법입니다.

[3] 의사 결정 나무(Decision Tree)

각 행동 과정을 선택하게 되면 그에 따라 발생하는 결과와 이점을 나무의 가지가 뻗어 나가는 것처럼 도식화하여 표현합니다. 의사 결정 나무를 완성한 후에 어떤 사항이 가장 적합한지 결정합니다.

| 의사 결정 나무(Decision Tree) 예시 |

[4] 찬 3 / 반 3

이는 문제의 모든 측면을 수렴할 수 있는 방법입니다. 한 문제에 대해 토론하면서 구성원에게는 긍정적인 이유와 부정적인 이유를 각각 세 가지씩 말하게 합니다. 다른 문제에 대해 토론할 때도 역시나 긍정과 부정의 이유를 세 가지씩 말하고 비교하는 방식입니다.

나. 최종 의사 결정 방법

위와 같은 도구를 활용하여 모아진 의견의 우위를 비교했다면 이제는 어떻게 최종 의사 결정을 내릴지 그 방식을 결정해야 합니다. 아래의 다섯 가지 방식을 통해 최종 의사 결정을 내릴 수 있습니다.

[1] 적정한 수준의 합의안 도출

어떤 의사 결정도 회의 참여자 모두의 동의를 얻기란 결코 쉽지 않습니다. 그렇기 때문에 모든 참여자가 찬성하는 의사 결정을 내리지는 못하더라도 적정한 수준의 합의점을 찾기 위해 서로의 의견을 묻고, 서로를 설득하는 과정을 거치는 것이 좋습니다. 이것이 바로 첫 번째 방식입니다. 이러한 의사 결정 방식은 때로는 치열하고 오랜 시간이 소요된다는 단점은 있지만, 이 과정을 통해 팀이 함께 고민하고 결정하는 방식을 배울 수 있다는 장점이 있습니다. 이는 곧 팀워크의 향상으로 이어집니다. 단, 수직적인 문화를 가진 조직에서는 활용하기 어려운 방식일 수 있습니다.

[2] 모두의 동의

이 의사 결정 방식은 회의에 참여한 모든 사람의 동의 여부를 묻고, 반대가 없을 경우에만 결정을 하는 방식입니다. 적정한 수준의 합의안을 도출하는 것보다 서로를 설득하는 과정이 더 많이 필요하겠지만, 그만큼 신중한 의사 결정이 요구되는 경우에 활용할 수 있는 방식입니다.

[3] 개인별 동의

회의 참여자 개개인의 찬반을 논의하고 비록 의견이 나뉘더라도 각각 다른 의사 결정을 내리는 방식입니다. 상황에 따라 적용 가능하며 개인의 의사를 존중할 수 있다는 장점은 있으나 개인의 이익에 따라 회의가 진행될 수도 있기에 회의 주관자의 수용성이나 리더십이 중요하게 작용하는 방식입니다.

[4] 투표 방식

가장 민주적으로 보일 수 있는 의사 결정 방식으로 득표수에 따라서 우선순위 등을 설정하는 방식입니다. 한 의견에 대한 투표 결과가 절대적으로 큰 차이를 보이지 않고 근소한 차이가 난다고 하더라도 그 결과를 수용할 수 있도록 사전에 동의가 필요합니다. 전원에게 투표 권한을 부여하고 복수 투표가 가능하다는 특징이 있습니다. 빠른 의사 결정에 좋고 객관적인 결과를 도출하기 쉽다는 장점이 있습니다. 하지만, 좋은 아이디어가 묻힐 가능성이 높고 모든 회의 참여자들의 진정한 동의를 얻는 데에 미흡할 수 있다는 단점이 있습니다.

<복수투표>

의사 결정을 위해 계속해서 토론할 가치가 가장 큰 것을 다수결로 결정합니다. 복수투표할 수 있도록 개인에게 1개의 투표권이 아닌 여러 개의 투표권을 주게 됩니다. 최소한 절반 이상의 표를 얻은 사안에 대해서는 다음 토론 안건으로 돌립니다. 이러한 절차를 반복해 의견이 선별될 때까지 계속 진행합니다.

<반대투표>

지지할 수 없는 안건에 대해 투표하는 방식입니다. 가장 많은 반대를 받은 사안을 제외한 나머지 안건에 대해 반대 표를 던진 사람들에게는 그 이유를 설명하게 합니다. 그 후에는 찬성한 사람들이 반대한 사람에게 그 이유를 설명할 수 있게 합니다.

---

[5] 동의단계자

회의 참여자의 동의 정도를 확인할 때는 '동의단계자'를 활용하면 좋습니다. '동의단계자'는 찬성과 반대 외에 동의 정도를 더 세분화하여 제시하는 것입니다. 예를 들어 찬성/반대를 전적으로 지지-사소한 논점이 있지만 지지-마음에 둔 것이 있지만 지지-기권-좀 더 논의 필요-심각한 반대-거부 등과 같이 세분화하는 것입니다. 7단계로 구분하는 것이 너무 복잡하다면 동의하고 지지-동의하지 않지만 다수가 동의하면 지지-동의하지도 지지하지도 않음까지 3단계로 구분할 수도 있습니다.

1	2	3	4	5	6	7
완전 지지	상당한 지지	부분적인 지지 (마음에 걸리지만 지지)	마음이 동하지 않음 (기권)	반대 하는 편 (좀 더 논의 필요)	상당한 반대 (심각한 반대)	결사 반대

회의록이 아닌 실행 계획서를 써라

회의록을 공유하는 것보다 더 중요한 회의의 핵심 중 하나는 '실행 계획서를 작성하여 공유하는 것'입니다. 가짜회의의 의사 결정이 실행으로 옮겨지지 않는 이유는 의사 결정이 되었다고 실행 계획서를 작성하지 않고 회의를 마무리하는 경우가 많기 때문입니다. 실행 계획이 포함되지 않은 의사 결정은 어떤 실행도 장담하기 어렵습니다. 따라서 진짜회의는 결정된 의사 결정을 포함해 언제까지 누가 무엇을 할 것인지 알 수 있도록 목표, 기한, 담당자(T3: Target, Time, Those)를 실행 계획서에 명확히 기재할 수 있어야 끝납니다. 구체적인 행동의 형태로 기재하여야 합니다. 아래 예시를 참고하여 실행 계획서를 작성해 보시길 바랍니다.

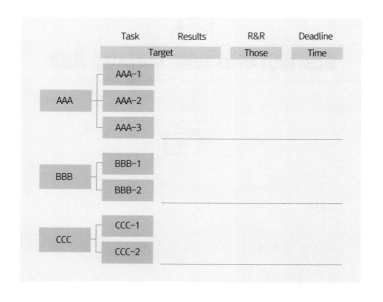

Task	Results	R&R	Deadline
Target		Those	Time

AAA
- AAA-1
- AAA-2
- AAA-3

BBB
- BBB-1
- BBB-2

CCC
- CCC-1
- CCC-2

위 실행 계획서에서 Target은 목적을 의미합니다. Task는 실행 레벨(Activity Level)로, 후속 행동을 세분화하여 작성합니다. Result(결과) 부분에는 결과물에 대한 명확한 이미지를 작성합니다. Those(담당자)의 R&R 부분에는 결과물에 대한 참여자들의 역할과 책임을 명확히 작성하고, 마지막 Time(기한)의 Deadline 부분에는 결과물의 마감 기한을 결정해 작성하면 됩니다.

회의록은 사료가 아닙니다. '누가 무슨 말을 했고, 누가 그 의견에 대해서 이렇게 말했다'를 하나하나 기록하는 것은 무의미합니다. 애플의 경우에는 회의장에서는 노트북을 열지 않고, 다이어리에 기록도 하지 않는다고 합니다. 화이트보드를 집단의 기억 및 합의의 도구로 활용한다고 합니다. 그래서 회의가 끝나고 화이트보드 내용을 사진으로 찍어서 공유하는 것으로 회의록을 대신한다고 합니다. 문서로 남겨야 하는 것은 회의 실행 계획서입니다. 여기에는 화이트보드 사진 첨부와 함께 '향후 무엇을, 누가, 언제까지 할 것이다'라는 내용 위주로 기록합니다. "회의록은 간단하게, 회의 실행 계획서는 명확하게"를 기억하시길 바랍니다. 혹은 아래와 같이 회의록과 실행 계획서를 함께 작성하여 공유하는 방법도 있습니다.

회의 주제	
참석자	
목적	
목표	
의제항목 1	
제기된 옵션 요점	
결정 또는 권고안	
의제항목2	
제기된 옵션 요점	
결정 또는 권고안	
의제항목3	
제기된 옵션 요점	
결정 또는 권고안	

실행 계획		
해야 할 과제	책임자	마감일

| 실행 계획서 작성을 위한 Tip : 20% Rule |

실행 계획서 작성의 중요성을 이해하는 것은 어려운 일이 아닙니다. 구성 요소가 복잡하지도 않습니다. 그런데도 불구하고 많은 회의에서 실행 계획서가 작성되지 못하는 이유는 무엇일까요? 그 이유는 시간을 할애하지 않기 때문입니다. 바쁘게 논의하고 결론을 내리다 보면 회의를 마무리하고 다음 일정으로 이동해야 하는 시간입니다. 그러다 보니 실행 계획이 명확하지 않은 상태에서 회의가 마무리되는 경우가 많습니다. 이 문제점을 예방할 수 있는 방법이 '20% Rule'입니다. 회의 시간의 20%는 실행 계획을 도출하고 명확히 하는 데에 사용하는 것입니다. 중요한 것은 20%라는 시간의 비율이 아닙니다. 회의 시간 중 일정 시간은 실행 계획을 위해 반드시 남겨두어야 한다는 것을 의미합니다. 가능하다면 회의 타임 테이블을 미리 세워 두고, 실행 계획서 작성 시점으로 알람을 설정하는 것이 좋습니다. 알람이 울리면 논의와 결론을 최대한 마무리하고 실행 계획에 대한 대화로 넘어가는 것입니다.

많은 기업이 회의 문화 개선을 위해 회의실 안에 타이머를 갖다 놓습니다. 그러나 타이머가 제 기능을 하는 것을 본 적이 없습니다. 보통은 짧은 회의를 추구하고자 회의 종료 시간에 맞춰 알람을 설정하기 때문입니다. 그러나 이렇게 되면 실행 계획을 세울 수가 없습니다. 회의의 완성은 실행 계획을 세우는 것까지 포함되어야만 합니다. 회의를 알차게 마무리하고 싶다면 반드시 20% Rule을 활용해 조금 더 이른 시간에 알람이 울리도록 만들어야 합니다.

마지막으로 회의를 마무리할 때에는 논의된 내용을 되짚어 보면 좋습니다. 회의에서 논의되었던 사항들을 요약하고 위 실행 계획서를 다시 한 번 상기시켜 모든 회의 참여자들이 책임의식을 갖고 실행에 옮길 수 있도록 해야 합니다. 그리고 아래와 같은 질문들을 회의 참여자들에게 해 보시기를 권합니다.

"오늘 회의에서 제대로 실행된 것은 무엇인가?"
"오늘 회의의 개선 사항은 무엇인가?"
"오늘 회의에서 결정된 사항을 실행하는 데 있어 다른 사람들의 지원이 필요한 사항이 있는가?"
"오늘 회의의 목적과 목표를 달성하였는가?"

이러한 질문들로 그날의 회의를 평가하는 시간을 갖고 참여자들의 구체적인 의견을 들으면서 회의를 종료한다면 회의를 지속적으로 개선할 수 있는 발판을 마련할 수 있게 됩니다. 이러한 노력들이 쌓이면 참여자 중심의 회의, 올바른 회의 문화를 형성할 수 있습니다.

다른 방법으로는, 각자가 회의의 결론을 포스트잇에 작성하게 합니다. 작성이 끝난 후 각자가 작성한 포스트잇을 화이트

보드나 모두가 볼 수 있는 벽면에 붙입니다. 그러면, 오늘 회의에서 달성한 것에 대한 생각이 모두 일치하는지 아닌지를 확인할 수 있습니다. 만약 일치하지 않는다면 간단하게라도 다시 한 번 정리하는 시간을 가지는 것이 좋습니다. 마지막으로, 마무리 단계에서 꼭 해야 할 일은 회의에서 충분한 논의가 이루어졌는지 다시 한번 점검하는 것입니다. 다음 표와 같은 체크리스트를 만들어서 순차적으로 질문하면서 점검하는 일련의 방식으로 회의를 마무리할 수 있습니다.

NO	세부내용	체크	비고
1	혹시 우리가 논의하지 않은 사항이 있나요?		
2	추가적으로 말씀 주신 사항이 있으신가요?		
3	우리는 모두 얘기했는가?		
4	우리가 보지 못한 것은 없는가?		
5	·		
6	·		
7	·		
8	·		
9	·		
10	·		

5장

그룹의 대화를
'조직과 함께' 변화시켜라

조직 문화부터 바꿔라

회의는 하나의 목적지로 나아가기 위해 논의하는 건설적 커뮤니케이션 과정이자 집단의 지성이 발휘되는 시간이어야 합니다. 하지만 우리의 회의는 우리가 달성하고자 하는 것들을 끊임없이 방해하는 예상치 못한 형태의 커뮤니케이션 과정이 되어 버렸습니다. 우리의 회의에서는 집단의 지성을 찾아보기 힘듭니다. 개인과 개인이 모였지만 개인일 때보다 못한 상황이 되어 버렸습니다.

필자는 집단의 지성을 잃어 가는 기업의 모습을 마주할 때면 문제의 핵심이 뭔지를 생각합니다. 회의를 개선하고자 하는 기업은 많지만 성공하는 기업은 많지 않습니다. 변화의 시도가 단발성 이벤트로 그치기 때문입니다. 이처럼 회의를 변화시키기는 쉽지 않습니다. 회의를 보면 그 기업의 문화를 알 수 있다는 말처럼 회의를 바꾸는 것은 조직 문화를 바꾸는 것과도 같기 때문입니다. 회의는 조직 문화의 축소판입니다. 회의를 바꾸기 위해서는 치열함이 필요합니다. 세계 최대 헤지펀드 회사인 브리지워터 어소시에이츠는 회의 문화를 개선하는 데 18개월을 소요했습니다. 세계적 기업 인텔은 회의를 바꾸기 위해 사원을 포함한 전 임직원을 대상으로 회의 관련 교육을 진행했습니다. 이러한 치열함이 없다면 회의는 변하지 않습니다.

사실 조직의 구성원 중 문제가 될 만한 사람은 없습니다. 아니, 정확히는 많지 않습니다. 본인 조직의 사람들을 생각해 봅시다. 회사의 구성원들이 똑똑하지 않은 사람들인가. 사실 지원자 가운데 최고의 인재를 선발했을 것입니다. 물론 어떤 경우에는 요즘 지원자가 변변치 않다고 얘기하기도 합니다. 마음에 드는 사람이 없다고 얘기하는 사람도 많습니다. 그렇다면 당신의 회사가, 당신의 조직이, 당신이 변변한지 먼저 생각해보기 바랍니다. 회사나 개인의 변변함을 떠나 조직은 지원자 중 가장 뛰어난 사람을 뽑습니다. 우리는 가장 현명한 사람, 가장 똑똑한 사람, 가장 열의에 찬 사람들과 함께 하고 있는 것입니다. 그렇다면 문제는 사람이 아닙니다.

결국 문제는 문화에 있는 것입니다. 물론 문화를 만드는 것도 사람이니 결국 사람이 문제라고 할 수 있습니다. 그러나 현명한 사람도 집단의 일원일 때는 그 현명함을 발현하지 못하니 문화가 더 큰 문제인 것입니다. 문화는 지금 있는 사람이 모두 나가고 새로운 사람들로 채워져도 그 모습을 유지합니다. 그만큼 집단에 뿌리 깊게 박혀 있는 것입니다. 조직 문화는 역사이고 철학이며, 오랫동안 차곡차곡 쌓여온 것입니다. 이것을 하루아침에 바꾸기는 어려울 것입니다. 그렇기에 시간을 두고 최대한 천천히 접근해야 합니다. 그러나 많은 조직은 문화의 개선을 넘어 혁신해야 한다는 슬로건 하에 단기간 내에 너무나도 많은 시도를 하고 있습니다. 야근을 줄이기 위한 보고서를 만들기 위해 야근을 하고, 혁신을 명목으로 불필요한 활동을 하여 사람들을 더 지치게 만들기도 합니다. 그럴수록 사람들은 조직으로부터 더 멀어질 수도 있습니다.

　문화를 바꾼다는 것은 무언가 새로운 것을 시도하는 것을 의미하지는 않습니다. 그러니 문화를 바꾸기 위해 너무 많은 시도를 하지 않기를 바랍니다. 문화를 바꾼다는 것은 하지 않아야 할 것을 제거하는 것입니다. 버려야 할 것은 바로 버리길 바랍니다. 폐기가 먼저입니다. 안 해도 되는 것을 발견하면 보고서 없이, 회의 없이 그냥 제거하면 됩니다. 바로 지금입니다.

회의 공간을 점검하라

　우리 기업의 회의 공간을 떠올려 봅시다. 아무도 없는 회의장에서 사람들을 기다려 본 적이 있습니까? 텅 빈 공간에 있다 보면 '누구는 여기, 누구는 저기, 최고 높은 분은 저기에 앉겠구나'하는 생각이 듭니다. 이렇게 우리 회의장은 공간 그 자체에서부터 상석이 정해져 있습니다. 자리에 놓인 물컵이 유리컵인지 종이컵인지만 봐도 이미 상하 관계가 명확하게 구분되어 있음을 알 수 있습니다. 상명하복식의 조직 문화가 강한 기업은 직급에 따라 회의 공간에도 차별을 둡니다. 공간의 차별에 익숙해진 회의 참여자들 또한 이러한 수직적 조직 문화를 당연시하게 됩니다. 회의에서 '내 자리'는 마치 조직에서 자신의 위치를 보여주는 척도와도 같습니다. '내 자리'가 다른 사람의 자리와 다를 때, 상대적으로 자신이 낮은 위치에 있는 존재임을 직관적으로 느끼게 됩니다. 이러한 심리적 상태에서는 진짜회의가 이루어질 수 없습니다.

이처럼 회의 공간에서도 그 조직의 회의 문화를 엿볼 수 있습니다. 모든 회의 공간은 그 조직의 회의 방식과 회의 문화를 기반으로 만들어지기 때문입니다. 그리고 그 공간은 다시 그 안에서 진행되는 회의에 영향을 줍니다. 영국의 총리였던 윈스턴 처칠(Winston Churchill)의 '사람은 공간을 만들고, 공간은 사람을 만든다(We shape our buildings; thereafter they shape us)'라는 말은 공간과 회의 문화의 관계를 잘 설명해 주는 표현입니다. 따라서, 우리는 공간의 격식과 권위를 내려놓아야 합니다. 그래야 회의 분위기가 자유로워질 수 있습니다. 공간의 변화는 소통의 변화를 일으킵니다. 회의 공간이 변해야 소통의 질이 높아집니다.

하지만 공간의 권위를 내려놓는 형식의 파괴에는 꽤 오랜 시간이 걸립니다. 전통적으로 유교 이념을 바탕으로 어른에 대한 존경을 강조하는 우리의 정신적 유산은 기업에서도 여전히 관료적이고 상명하복의 문화를 은근히 조장하고 있습니다. 그럼에도 불구하고 많은 조직이 수평적 회의 문화를 주장하고 있습니다. 필자가 사회생활을 시작하던 시기는 그 이전 세대보다 더 좋아진 것이 사실입니다. 그러나 문화의 변화를 향한

여정은 아직도 갈 길이 멀기만 합니다.

그런 의미에서 국내 선진 기업들이 회의 공간의 창의성 추구를 위해 다양한 시도를 하고 있습니다. 그러나 아쉬운 점은 대부분 격식을 차리지 않는 공간만을 표방하거나, 대부분은 보이는 것의 화려함에만 치중하는 경향이 있다는 것입니다. 공간의 팬시화, 다양화에 그쳐서는 안 됩니다.

표면적으로는 굉장히 감각적인 회의 공간이라고 하더라도 CEO나 담당 부서의 취향이 반영된 것이지, 실제 회의의 성격이나 조직원의 요구가 반영되었다고 보기는 어려운 경우도 많습니다. 회의 공간은 창의성이 발현될 수 있는 공간이 되어야 합니다. 관리와 통제의 끈을 놓고, 회의 참여자로 하여금 최대한의 자유가 보장될 수 있는 공간이 연출되어야 합니다.

회의 공간의 존재 이유는 더 다양한 의견을 나누고, 합의·협의하고 좋은 결정을 실행할 수 있도록 동기 부여를 하기 위함입니다. 이 목적에 방해될 만한 요소들은 제거하는 것이 바람직합니다. 필자가 컨설팅을 진행한 사례를 중심으로 어떤 변화를 시도했는지 이야기하려 합니다.

가. 회의 공간 리스트를 만듭니다.

회의 공간 리스트를 작성할 때, 회의 공간이 순수 회의 공간인지 누군가의 집무실을 잠시 회의 공간으로 사용하는 것인지 확인합니다. 그리고 각 회의 공간에 대해 1주일 정도 실제 활용 시간을 조사하여 1일 활용도를 확인합니다. 이때 공간을 사용하는 사람들의 직급이나 부서도 체크해 두면 좋습니다. 이러한 방식으로 회의 공간을 정리해 보면 유휴 공간을 확인할 수 있으며, 적절한 활용 방안을 모색할 수 있습니다. 임원들만을 위해서 별도로 마련해 둔 회의장의 경우 활용 빈도가 매우 낮은 경우가 많습니다. 이 경우, 누구든지 필요에 따라 예약하고 활용할 수 있도록 여건을 마련해야 합니다.

그리고 어떤 규모의 회의 공간이 가장 많이 필요한지 점검해야 합니다. 회의실은 규모에 따라 '4인 이하', '5~8인', '9~16인', '17인 이상'이 사용 가능한 공간으로 분류할 수 있습니다. 퍼시스 공간데이터 베이스*에 따르면 전체 회의실 중 5~8인실이 차지하는 비중이 44.2%로 가장 많았습니다. 실제로 회의에 필요한 인원이 평균적으로 6.1명인 것을 생각하면 5~8인 회의실이 일반적으로 가장 많이 활용될 것이라는 사실을 알 수 있습니다. 하지만 조직의 특성에 따라 필요한 회의실 규모가 다르기 때문에 작성된 회의 공간 목록을 점검하여 회

* <퍼시스.2017. 사무환경이 문화를 만든다>

의실 규모를 결정하고 회의 공간을 더욱 효율적으로 배분해야 합니다.

그래도 회의실이 항상 부족하다면 전반적인 회의 공간의 수를 늘리는 걸 고려해야 합니다. 2010년 이전에는 조직에서 회의실이 차지하는 면적이 9%에 불과했지만 최근에는 12%까지 증가했습니다. 원활한 회의를 위해서는 회의실의 비율을 조직의 전체 면적에서 10% 이상으로 확보해야 합니다. 혹은 벽이 없는 오픈 회의 공간을 배치할 수 있습니다. 오픈 회의 공간을 곳곳에 배치하여 간단한 회의가 필요할 때 예약 과정을 거치지 않고 바로 사용할 수 있게 하면 좋습니다. 이런 회의용 스팟에는 일반적인 사무용 회의 테이블보다는 스탠딩 테이블에 바 스툴을 배치하면 더욱 효율적으로 활용될 수 있습니다.

나. 회의장 내에 격식을 상징하는 도구를 제거합니다.

유니버설 플랜(Universal Plan)이란, 직급에 상관없이 모두가 같은 가구를 사용하는 형태로 사무공간을 계획하는 걸 말합니다. '보편적인 배치'라고도 말할 수 있습니다. 회의 공간도 이처럼 보편적인 공간으로 만들어 어떤 참여자든 자유롭게 사용할 수 있게 만들어야 합니다. 사원이 앉은 자리에 회의 주관자가 앉을 수도 있고, 그 반대일 수도 있는 '보편성'을 확보해야 합니다.

따라서 높은 의자나 별도의 테이블, 각각의 직급/직위를 상징할 수 있는 명패 등은 특별한 행사가 아닌 경우라면 회의장에 두지 않는 것이 좋습니다. 회의는 누가 더 높고 낮은지를 확인하는 자리가 아닌, 좋은 생각과 아이디어를 나누는 자리가 되어야 하기 때문입니다. 테이블과 의자 등은 편안함을 제공할 수 있어야 하며 움직이기 편하도록 가벼우면서도 다양한 배치를 만들 수 있는 것이 좋습니다. 필자는 다양한 변화를 줄 수 있는 모듈식 테이블을 권장합니다.

테이블을 배치할 때는 회의 주관자와 참여자가 마주보는 배치보다는 90도로 바라볼 수 있게 배치하는 게 좋습니다. 마주보는 배치는 보고 받는 사람과 보고하는 사람의 구분이 명확해져 수직적인 분위기가 형성될 수 있습니다. 그리고 서로 눈을 마주칠 때 긴장감이 높아질 수 있습니다. 반면 90도로 바라보는 배치는 더욱 가까운 거리에서 친밀한 소통을 할 수 있습니다. 서로의 눈을 바라보거나 자연스럽게 시선을 피할 수도 있으므로 참여자가 긴장감을 낮추고 회의에 참여할 수 있습니다.

스탠딩 회의 공간의 경우, 앉아서 하는 회의에 비해 시간을 단축할 수 있고, 긴장도와 집중도가 생겨 내용에 충실해질 수 있습니다. 높낮이가 조절되는 회의 책상도 있으니 회의장 내 배치를 검토해 보기 바랍니다. 한실 회의 공간(좌식 테이블)이나 맨발로 들어가는 회의 공간도 좋습니다. 아니면 방석을 깔고 그냥 편안하게 앉아서 하는 회의도 의외의 신선함이 있습니다. 회의 공간에 격식을 제거하면 회의 참가자들은 좀 더 자유롭게 의견을 개진할 수 있게 됩니다. 실제로 필자가 컨설팅했던 회사 가운데 맨발로 들어가는 회의장을 마련한 적이 있었는데, 처음에는 불편하게 생각하던 구성원들이 나중에는 편안한 느낌이 들어 좀 더 자유롭게 회의에 참여할 수 있게 됐다는 의견을 내놓기도 했습니다. 또는 회의의 형태나 규모에 따라 테이블 배치를 유연하게 조정할 수 있는 회의장을 확보하는 것도 좋습니다.

회의 때 활발한 소통이 필요한 조직이라면 직급이 아닌 역할에 따라 공간에 차이를 줄 수 있습니다. 예를 들면 회의 진행자의 좌석을 강화하는 아이디어가 있습니다. 회의 전체를 조율하고 진행하는 회의 진행자는 다른 모든 회의 참여자와 소통이 자유로워야 합니다. 따라서 회의 내 소통 구조를 그려보고 가장 많은 정보가 오가는 중심지에 앉는 것이 좋습니다. 그러면 더욱 원활한 소통이 가능해집니다. 그리고 진행자에게 더 넓은 공간이 필요할 때가 있습니다. 진행자에게 추가 공간이 제공된다면 이 공간은 결국 회의에 참여한 모두를 위한 공간으로 활용될 겁니다.

다. 회의장 안팎으로 짧은 문구의 명언을 걸어 두어 생각을 자극하고 자유롭게 의견을 개진할 수 있도록 해야 합니다.

언어가 주는 긍정적 영향이 있습니다. 예를 들어, 입실하는 사람들이 잘 볼 수 있도록 회의장 앞에 '이곳은 누구나 자유롭게 자신의 견해를 말할 수 있는 곳입니다.', '당신에게는 타인의 의견을 막을 권리가 없습니다.'와 같은 문구를 비치하면 좋습니다. 일례로 구글은 직원들이 음식을 남기지 않고, 더 건강한 식사 습관을 기르게 하기 위해 구내식당에 '큰 접시를 이용하는 사람일수록 음식을 많이 먹는다.'는 경고문을 붙여 뒀습니다. 이렇게 간단한 변화만으로도 작은 접시를 이용하는 사람의 비율이 50%나 증가했다고 합니다.

라. 회의 유형에 따라 회의 공간을 구성해야 합니다.

회의 유형은 크게 아이디어 도출 회의, 문제 해결 회의, 정보 공유 회의로 나눌 수 있습니다. 아이디어 도출 회의는 회의 참여자들의 마음가짐을 변화시킬 수 있는 공간에서 진행되면 효과적입니다. 다채로운 가구나 인테리어 디자인을 이용하고 최대한 활기차게 꾸미는 것입니다. 단조롭지 않은 화려한 색채를 도입하거나 부드러운 소파, 경쾌한 스툴 같은 가구를 배치할 수 있습니다. 그리고 오픈 회의 공간으로 만들어 회의 참여자들이 지나다니는 사람들이나 소음에 의도적으로 노출되게할 수 있습니다. 미국 일리노이대의 라비 메타 교수의 연구에의하면 이러한 자극이 회의의 긴장감을 높이고 창의적인 생각에 도움을 준다고 합니다.

문제 해결 회의는 회의 참여자들이 집중과 몰입을 할 수 있는 공간에서 진행되어야 합니다. 보통 기밀 사항을 논하는 경우가 많기 때문에 오픈된 공간보다는 닫힌 공간에서 진행하는것이 좋습니다. 그리고 화려한 인테리어보다는 차분한 인테리어가 좋고, 오랜 시간 회의가 진행되는 경우가 많기에 오래 앉아 있어도 불편함을 느끼지 않는 고기능 의자를 배치해야 합니다.

정보 공유 회의는 특성상 관련성이 낮은 회의 참여자가 많이 참여합니다. 그리고 참여하는 인원의 편차가 크고 다양합니다. 따라서 공간의 가변성이 높은 회의실에서 진행되어야합니다. 많은 인원이 참석해 테이블 없이 의자만 사용해야 하는 경우도 생깁니다. 따라서 고정된 회의 테이블은 지양해야 합니다. 테이블도 커다란 테이블보다는 소형 테이블을 여러 개 배치하고 레이아웃을 유연하게 변경할 수 있는 테이블을 사용하면 좋습니다.

회의의 질을 높여라

무엇보다 가짜회의를 진짜회의로 바꾸기 위해서는 아래 세 가지를 강조해야 한다고 생각합니다.

첫째, 회와 회의를 분리하는 것

둘째, 회의의 원칙과 회의의 그라운드 룰을 분리해서 제정하는 것

셋째, 회의의 중요성을 인식할 수 있도록 전사적으로 꾸준한 활동을 하는 것

우리는 전통적인 위계 중심의 조직에서 성장하였기 때문에 '회의의 수평화'에 관심을 갖는 것은 근본적으로 어렵다고 생각합니다. 하지만 인터넷과 함께 성장한 밀레니엄 세대는 본능적으로 수평적인 관계, 수평적인 문화를 이해합니다. 세계적인 경영 전략가인 게리 하멜(Gary Hamel)은 인터넷의 힘에

대해 다음과 같이 얘기합니다.

- 어느 누구도 좋은 아이디어를 죽일 수 없다.
- 모든 사람들이 기여할 수 있다.
- 누구나 이끌 수 있다.
- 아무도 지시를 내릴 수 없다.
- 다른 사람들이 만들어 놓은 것 위에서 쉽게 세울 수 있다.
- 괴롭히는 사람이나 폭군을 참을 필요가 없다.
- 우수한 것이 보통 승리한다. 그래서 평범한 것은 승리하지 못한다.
- 열정을 죽이는 정책들은 사라진다.
- 크게 기여하는 것들은 인정을 받고 축하를 받는다.

많은 기업의 리더들을 만날 때마다 밀레니엄 세대들을 관리하기 어렵다고 말합니다. 밀레니엄 세대는 위계가 아닌 '수평'의 과정을 통해서 성장했습니다. 그러니 그들은 일터에서 수평 외의 다른 경영 방식을 참고 지내야 할 이유를 찾지 못합니다. 참아야 할 이유가 있을까요? 이것이 회의에서 위계를 빼고 수평을 추구해야 하는 이유입니다.

그러나 위계를 빼고 수평을 추구하는 것은 앞에서 얘기했듯이 근본적으로 어려운 일입니다. 그렇기 때문에 우리가 수평에 대해 더 많이 생각하고 노력해야 하는 것이 아닐까요? 우리에게 맞지 않는다고 옆으로 미뤄 두어야 할 일이 아닌, 아주 중요한 과제인 겁니다. 이번 파트에서는 수평적 회의, 질적 측면이 발전된 회의를 위해서 우리가 해야 할 일이 무엇인지 이야기하고자 합니다. 그렇다면 회의의 질적 측면을 강화하기 위해서 우리가 해야 할 일은 무엇일까요?

가. 회의에 대한 부정적 인식을 먼저 제거해야 합니다.

지금 구성원들은 회의 전반에 대한 만족도가 낮으며, 회의 문화와 관련한 컨설팅, 캠페인 활동 등에 대한 피로도가 높은 상태입니다. 그렇다면 그 많은 시도에도 불구하고 번번이 회의 문화 개선 활동이 실패로 돌아가는 이유는 무엇일까요? 그 이유는 1) 일반적으로 1단계인 붐업(Boom up) 수준의 활동 이후 팔로업(F/up)이 부족, 2) 리더들의 관심/지원 부족, 3) 리더부터의 변화 의지 부족(기존 방식의 회의 진행, 보고/지시 형태의 회의 선호 등), 4) 일관성 없는 전략 추진, 5) 단발성 이벤트로 생각하고 넘기는 현상 등이 있습니다.

나. 회와 회의를 분리해야 합니다.

회의에 대한 정성적 만족도를 확인해 보면, 의견이 수평적으로 오고 갈 때는 만족도가 높은 반면, 의견의 교류 없이 보고자와 보고를 받는 자 간에 일방적인 보고만 있는 일대일 대화의 경우에는 낮은 만족도를 보였습니다. 회의를 하러 들어 갔으나 의견이 전혀 없고, 의견을 낼 수 있는 상황도 안 되고, 확인하고 지시하는 식으로 전개되면, '이게 무슨 회의지?'라는 생각을 하게 되죠. 이런 종류의 회의가 주기적으로 반복되면 회의 자체에 대한 부정적 인식을 갖게 되는 겁니다. 정리해 보면, 회의는 의견을 나누고 결론을 내는 것을 의미합니다. '회'는 의견과 결론이 아닌 다른 목적을 가지고 모이는 것을 의미합니다. 공유, 교육, 세미나 등이 여기에 해당됩니다. 따라서 진척을 확인하는 것이 목적인 회의는 주로 발표 위주로 진행되기 때문에 '주간 업무 추진 현황 공유회'라고 명명하는 것이 합리적입니다.

서로 주고받아야 할 의견이 없다면, 서로의 생각을 듣고 결정해야 할 사항이 없다면 '회의'라는 명칭을 빼는 것이 바람직합니다.

다. 목표를 명확하게 제시해야 합니다.

참석자가 회의를 하는 목적에 대해서 어느 정도 공감하고 있다면, 지금 필요한 것은 '이 회의가 끝나면 무엇을 얻게 된다'는 결과로서의 목표를 명확히 제시하는 것입니다. 즉, 의장이 '나는 회의를 통해 무엇을 얻고 싶고, 참석자들은 무엇을 얻어 가길 바란다'라는 부분을 명확하게 정의할 필요가 있습니다. 무엇보다 참석자들이 얻는 것이 무엇인지 깊이 있게 생각해야 합니다. 회의의 목적이 단순히 의장에게만 있는 의장 중심의 회의는 가짜회의입니다.

라. 발언 점유율을 낮추기 위한 노력이 필요합니다.

리더의 발언 점유율이 높을수록 의견 교환을 위한 물리적 시간이 줄어들게 됩니다. 현재 많은 회의가 7:3 비중으로 리더의 발언 점유율이 높은 편입니다. 목표 수준을 3:7로 잡고 의장의 개입을 최소화하기 위해 노력해야 합니다. 회의를 시작하기 전에 먼저 의장이 이렇게 선언할 수 있습니다. (예: 오늘 저는 발언을 최소화하기 위해 노력할 것입니다. 혹시 제가 발언이 많아지면 ○○○님이 손을 들어서 저에게 사인을 주세요.)

마. 심판을 최대한 연기해야 합니다.

회의가 시작된 지 얼마 지나지 않았는데, 리더가 회의 안건보다는 궁금한 사항부터 체크한다면 어떨까요? 회의 후반으로 갈수록 몰입도는 낮아지고, 궁금증이 생길 만한 부분은 가급적 넘어가는 경우가 많아질 겁니다. 다수의 회의에서 이런 현상이 발생합니다. 이런 현상을 방지하기 위해서는 내용에 대한 평가와 궁금한 점에 대해서는 메모를 해 두었다가 후반부에서 핵심 위주로 질문하여 체크하는 형태로 진행하는 것이 합리적입니다.

또 이런 경우도 있습니다. 참여자들끼리 충분한 토론을 통해 더 많은 아이디어를 도출하면 좋겠지만, 현실적으로 생각하면 회의가 너무 늘어지지 않을까 하는 걱정이 앞서는 경우입니다. 이럴 때는 '의사 결정 이정표'를 활용하면 좋습니다. 리더의 의사 결정이나 판단을 개입시키기 시작하는 시점(이정표)을 미리 정해 두고 회의를 시작하는 겁니다. "오늘 회의가 1시간 예정이니까, 의사 결정 마일스톤을 40분으로 잡자. 그때부터 팀장인 내가 개입할 테니까, 그 전까진 자유롭게 토론하도록!" 회의를 시작할 때 이렇게 고지를 해 두면, 40분이 경과할 때까지는 리더의 판단이나 심판을 최소화할 수 있습니다.

바. 회의 진행자의 역할을 강화해야 합니다.

회의 진행자의 역할이 단순하게 순서 관리자, 시간 관리자 수준에서 벗어나 회의의 안건과 안건별 초점질문을 도출하고, 이를 중심으로 회의를 전반적으로 리딩하여 원하는 결과를 도출할 수 있도록 유도하는 진정한 회의 진행자로서의 역할로 확장되어야 합니다.

사. 안전지대를 확보하는 노력이 필요합니다.

자기 검열하지 않고 자신의 주장을 펼칠 수 있는 분위기를 유도해야 합니다. 격식을 상징하는 도구(예: 높은 의자, 고정된 가운데 자리 등)를 최소화하고 앞에서 뒤로 긴 형태의 회의 테이블이 아닌 둥글거나 가변이 가능한 테이블을 사용하여 회의 특성에 맞춰서 변화를 줄 수 있도록 지원해야 합니다.

아. 때로는 빔프로젝트 전원을 꺼 두어야 합니다.

빔프로젝트 전원을 끄고, 서로 눈을 보고 대화하는 분위기를 만들어야 합니다. 화이트보드, 플립차트 등의 도구를 활용할 수 있습니다.

자. 제스처를 조심해야 합니다.

손을 사용해 제스처를 취할 경우, 지적하는 형태나 삿대질 같은 느낌이 들지 않도록 해야 합니다. 권유하는 형태의 손동작(상대를 향해 손바닥이 열려 있는 형태)을 사용할 것을 권합니다. 팔짱을 끼고 듣기보다는 손을 풀고 사람들을 보면서 고개를 끄덕여주는 관심의 표현이 필요합니다. 비공격적 자기주장의 기술을 익힐 필요가 있습니다.

차. 핸드폰과 노트북은 잠시 꺼 두는 것이 좋습니다.

    회의 자료를 보기 위해 핸드폰이나 노트북이 필요할 수 있습니다. 하지만, 그 외의 사용은 지양해야 합니다. 사실 핸드폰과 노트북 모두 사용하지 않고 필요한 자료는 스크린을 통해 같이 보는 것이 좋습니다. 개인 전자기기는 의도하지 않더라도 불가피하게 회의 참여자의 집중도를 저하시킵니다. 이는 곧 회의 전체의 몰입도와 집중도를 낮추는 결과로 이어집니다.

회의 문화를 혁신하라

조직의 미래 경쟁력을 확보하기 위해서는 시간이 걸리더라도 회의 문화(조직 문화)를 혁신하기 위한 조직 차원의 노력이 필요합니다. 그룹의 대화를 변화시키기 위해 조직 차원에서 할 수 있는 일이 있습니다.

가. 리더들을 위한 별도의 교육이 필요합니다.

리더십 교육이나 1:1 코칭 세션도 리더십 변화에 도움이 되지만, 본인의 회의 진행 모습을 영상으로 촬영하고 전문가에게 피드백을 받으면서 본인의 말투, 목소리, 제스처, 경청 등의 소통 측면과 지시 방식, 결정 방식 등 리더십 측면의 관점에서 자신이 보완해야 할 것이 무엇인지 찾는 계기를 마련할 수 있습니다. 계속적으로 모니터링/피드백 활동을 진행하는 것이 효과적입니다.

일반적으로는 사전 설명-오픈 카메라-설문 조사/인터뷰-모니터링-몰래카메라-모니터링-피드백의 과정으로 진행되지만 비용, 시간을 효율적으로 활용하기 위해서는 과정을 간소화하여 진행할 수도 있습니다. 변경 방식은 오픈 카메라-모니터링-피드백 형태로 촬영 후 1주일 이내에 피드백하는 방식으로 전 사업부 전 팀 리더, 그룹 리더들을 대상으로 진행하면 효과적입니다.

나. 회의 진행자를 대상으로 한 프로그램을 개발하여 운영해야 합니다.

회의 진행자를 대상으로 한 교육 프로그램을 개발해야 할 것입니다. 기존 퍼실리테이션 프로그램은 워크숍을 기반으로 한 내용이므로 조직에서 진행하는 회의에는 적절하지 않습니다. 우리 조직의 일하는 방식과 맥락을 반영한 회의 프로세스를 정립하고 전파하는 것이 필요합니다.

다. 회의하는 날을 별도로 정하는 것도 좋습니다.

보통 기업에서는 회의 없는 날을 정해 두는 경우가 많습니다. 하지만 역발상이 필요합니다. 매주 월요일을 '회의 없는 날'로 정하는 게 아니라 매주 화요일, 수요일만 '회의하는 날'

이라고 정하는 것이 조금 더 효율적입니다. '회의 없는 날'을 정해도 결국 다른 요일에 회의가 빈번하게 많아진다면 불필요한 회의를 줄일 수 없기 때문입니다. 차라리 '회의하는 날'을 정해 개인 업무에 몰입하는 날과 함께 논의하고 협업하는 날을 분리하는 것이 좋습니다. 우선은 '회의 없는 날'부터 시작해 보시는 것이 좋을 듯합니다. 조직 차원에서 회의 없는 날을 정해 보세요.

라. 업무 공유 형태의 정기 회의는 최소화해야 합니다.

주간 공유회는 격주 단위로, 월간 공유회는 격월 단위로 조정할 것을 권합니다. 정기 회의는 관습적으로 별 의미 없이 진행될 때가 많습니다. 주기를 늘리는 실험을 해 보세요. 주간으로 진행하던 회의를 격주 단위로 바꿨을 때 아무 문제가 발생하지 않는다면 계속해서 격주로 진행하면 됩니다.

마. 적절한 회의 시간대를 생각해 보세요.

회의 시간대에 대해서는 의견이 분분합니다. 하지만 집중도가 가장 높은 시간대를 선정하는 것이 효과적입니다. 인간의 신체 활동과 두뇌 회전을 감안한다면 좋은 시간대는 오전 9~11시, 나쁜 시간대는 식사 이후 13~15시입니다. 그러나 회의하기 좋은 시간대는 신체 활동이 아니라 플레이어들의 일을 방해하지 않는 것을 기준으로 하는 것이 좋다고 봅니다. 예를 들면 업무 시작 시간부터 일정 시간까지는 회의를 하지 않는 시간으로 정하여 생각을 정리하고 일을 정리할 수 있도록 설정하는 것이 효율적입니다.

공유형 회의를 변화시켜라

대한상공회의소의 조사 결과, 직장인은 회의의 48.6%가 불필요하다고 답변했습니다. 그 이유 중 33%로 가장 큰 비중을 차지한 것이 '회의가 단순 점검, 정보 공유의 형태로 이뤄지기 때문'이었습니다. 통계적으로 봤을 때 개최되는 회의의 평균 69%는 보고, 점검, 정보 공유 회의입니다. 이렇게 높은 비중을 차지하는 회의가 실패하는 가짜회의라는 것입니다. 따라서 공유형 회의는 최소한으로 줄이는 것이 우선되어야 합니다.

회의는 무분별한 공유를 위한 자리가 되어서는 안 됩니다. 필요한 정보를 공유하는 데 집중해야 합니다. 그리고 특정 정보에 대한 공유의 필요성은 회의 참여자 모두에게 해당되어야 합니다. 하지만 가짜회의에서 공유되는 많은 정보를 살펴보면 그렇지 않은 경우가 많습니다. 전체 회의 참여자에게 필요한 정보를 공유하기보다 회의 주관자인 리더에게만 필요한 정보를 공유합니다. 리더만을 위한 공유형 회의가 발생하는 이유는 무엇일까요? 첫 번째 이유는 정보 공유가 가장 필요하다고 생각하는 사람이 회의를 주관하는 리더이기 때문입니다. 의사 결정을 하는 리더 입장에서는 관련된 모든 구성원을 한자리에 모아 모든 정보를 공유 받고 지시를 내리는 것이 편합니다. 그러나 정보를 전달해야 하는 구성원들의 입장에서 보면, 다른 구성원이 공유하는 정보는 자신이 공유 받을 필요가 없는 경우가 많습니다. 또 하나의 이유는 리더가 모든 상황을 통제하고 정리해야 한다고 생각하기 때문입니다. 그래서 모든 상황을 듣고, 궁금한 것을 바로 물어보기 좋은 자리가 리더에게는 회의인 겁니다. 결국 공유형 회의의 횟수는 늘어나고, 회의 시간은 길어질 수밖에 없죠.

정기 회의가 사라지지 못하는 이유는 리더의 불안에 있습니다. 리더는 자신의 불안을 해소하기 위해 불필요한 회의를 개최합니다. 스트레스 받을 때 먹는 달콤한 디저트와 같습니다. 반면 구성원은 아무리 공유를 통해 작은 도움을 얻는다 해도, 회의로 인해 업무에 방해를 받아 입는 손해와 비교하면 그 도움이 미미하게 느껴질 수 있습니다. 리더는 불필요한 정기 회의가 구성원의 업무 몰입과 흐름을 방해할 수 있다는 점을 고려해야 합니다. 한 가지를 꼭 명심해야 합니다.

공유형 회의에 가까운 정기회의는 회의이기보다 관습에 가깝다. 성과보다 편의를 위해, 리더의 불안을 해소하기 위해 회의가 진행된다. 이렇듯 안 좋은 습관은 곧 중독이 된다. 중독은 다른 새로운 습관으로 대체되어야 한다.

'공유형 회의의 올바른 프로세스는 무엇인가?' 따라서 이 문제는 필자가 가장 풀고 싶은 숙제입니다. 이 책에서는 공유형 회의는 회의라고 보지 않습니다. 그러나 많은 기업이 이런 유형의 회의를 여전히 진행하고 있습니다. 그렇다면 공유형 회의를 하지 말라고 말하는 것이 아니라 효율적으로 할 수 있는 방법에 대해서 생각해야 하는 것이 사실입니다. 어떻게 하면 공유형 회의가 가장 현명하게 진행될 수 있을까요?

가. 먼저 회의 목적에 충실해야 합니다.

목적이 공유라면 공유하는 데 집중해야 합니다. 정보 공유와 함께 칭찬, 코칭, 협박, 신임 OJT 등 모든 것을 다 진행하다 보니 시간이 길어지는 것입니다. 정보를 공유할 때도 이슈는 3개를 넘지 않는 게 좋습니다. 그래야만 필요한 정보를 명확하게 전달하고 확실히 이해시킬 수 있습니다.

나. 공유를 마친 인원은 자유롭게 회의실을 떠날 수 있도록 하는 게 바람직합니다.

공유를 위한 발표가 끝난 후 구성원이 자의적으로 판단해서 본인에게도 필요한 정보 공유가 남았으면 남고 아니면 떠나는 것입니다. 이를 위해서는 사전에 어떤 정보가 어떤 순서대로 공유될 것인지 아젠다에 명확하게 명시되어 있어야 합니다. 그래야 회의 참여자가 주도적으로 판단을 내릴 수 있습니다.

다. 공유 회의를 온라인 회의로 대체합니다.

회의의 목적이 단순히 공유라면 공간의 제약을 받지 않고 자신이 필요한 내용만 전달받으면 회의를 떠날 수 있는 온라인 회의가 효율적일 수 있습니다. 단, 온라인 회의 시에는 서로의 말 때문에 감정의 오해가 생기기 쉬우므로 유념해야 합니다.

라. 특정 인물에게만 한정적으로 필요한 정보라면 1:1 미팅이나 서면으로 공유하는 게 바람직합니다.

정보 공유 회의의 대부분이 리더의 체크성 업무일 수 있습니다. 회의가 마치 리더가 선호하는 하나의 업무 진행 방식으로 여겨지고 있는 게 아닌지 점검해야 합니다. 이런 경우 회의보다는 1:1 미팅이나 서면 등 다른 회사 시스템으로 대체하는 게 바람직합니다. 혹은, 회의 참여자 모두가 공유 받고 싶은 내용을 질문형으로 작성합니다. 이때 포스트잇을 활용할 수 있습니다. 수집된 질문은 회의 진행자가 분류합니다. 먼저 전체 공유가 필요한 항목과 1:1 혹은 소수 인원에게 공유가 필요한 항목으로 나눕니다. 전체 공유가 필요한 항목은 비슷한 질문별로 분류해 공유하고 소수 인원에게만 필요한 공유는 회의 이외의 시간을 활용해 1:1로 공유할 것을 권합니다.

마. 사전에 알고 있는 정보와 더 알고 싶은 정보를 리스트업하고 회의 때 빠르게 체크합니다.

특히나 리더는 본인이 알고 있는 정보, 더 알고 싶은 정보를 정리하는 데 시간을 할애해야 합니다. 회의가 시작되고 정보를 공유 받으면서 정리하면 늦습니다. 반드시 회의 시작 전에 텍스트로 정리해야 합니다. 우리의 정보 처리 속도는 말하고 들을 때보다 글을 읽을 때 빠릅니다. 그래서 텍스트를 활용해 회의에서 어떤 내용을 공유 받아야 하는지 미리 파악하고, 그중에서 다르게 이해할 수 있는 것만 공유하도록 하면 회의 시간을 줄일 수 있습니다. 구글 문서와 같이 동시에 실시간으로 작성 가능한 협업 도구를 활용하면 서로 눈으로 빠르게 읽으며 내용을 체크하고 정보를 공유할 수 있습니다.

바. 가장 많은 정보를 가지고 있는 사람을 회의 주관자로 임명합니다.

　공유형 회의의 목적은 모든 사람이 정보를 알게 하는 것입니다. 그렇다면 그 회의 공간에서 정보를 가장 많이 가지고 있는 사람이 직급에 상관없이 회의의 주관자로서 리더 역할을 해야 합니다. 공유형 회의에는 결정 사항이 따로 필요 없습니다. 따라서, 일반적으로 회의의 주관자는 의사 결정권을 가진 리더이지만 공유형 회의의 주관자는 달라야 합니다. 목적 자체가 공유이기 때문입니다. 가장 많은 정보를 알고 있는 사람이 회의를 이끌 수 있도록 해야 합니다. 회의 진행자의 역할도 크지 않습니다. 일반적인 회의에서 진행자의 존재 이유는 의견을 듣고 의견을 잘 얘기할 수 있게 하고 결론을 합의하기 위한 것이지만, 공유형 회의는 이것을 목적으로 하지 않기 때문입니다.

사. 리더가 공유를 통해 팀을 통제하는 식의 일하는 방식을 내려놓기 위해서는 팀에게 의사 결정 권한을 위임해야 합니다.

　리더가 모든 의사 결정을 통제하려고 하면 공유 회의는 늘어날 수밖에 없습니다. 공유 회의를 줄이고 요즘 강조되는 민첩한 조직을 만들기 위해서도 리더는 각 팀과 구성원에게 더 많은 의사 결정 권한을 위임해야 합니다.

보고 문화를 바꿔
수평적 조직 문화를 구축하라

조직이 변화하는 과정에서 가장 중요한 것은 탈피입니다. 지금 많은 조직이 자신의 몸 껍데기를 벗어 던지기 위해 노력하고 있습니다. 탈피하고 나면 몸이 2배 정도 성장합니다. 4차 산업혁명으로 상징되는 시기를 보내고 있는 지금 많은 기업이 탈피를 꾀하고 있습니다. 외부 변화에 적응하기 위해서, 살아남기 위해서, 또는 시장을 선점하고 리드하기 위해서 다양한 시도를 하고 있습니다. 이때 내부적으로 관심을 가지는 영역이 조직 문화와 일하는 방식입니다. 기존의 위계 중심의 수직적 조직 문화가 아닌 수평적 조직 문화를 정착시키기 위해, 관리 중심의 일하는 방식에서 자율 중심의 일하는 방식으로의 변화를 위해 노력하고 있습니다.

조직이라는 것이 탄생하고 생겨난 도구가 보고와 회의입니다. 보고는 수직적 커뮤니케이션 도구이고, 회의는 수평적 커뮤니케이션 도구입니다. 그래서 많은 조직이 수평적 커뮤니케이션 도구인 회의에 관심을 가지고 변화를 위한 노력을 기울이고 있습니다. 최근 S사의 경우도 회의를 위한 원칙을 정하고, 회의 시스템을 정비하고, 회의를 모니터링하고 피드백하고 있습니다. 수평적 조직 문화는 단순히 회의만의 영역이 아닙니다. 오히려 보고가 더 중요합니다. 보고라는 행위가 위계를 더 극명하게 드러내기 때문에 이것을 바꾸지 않는 한 조직의 문화는 계속 경직될 수밖에 없는 것이죠. 위계와 관리의 상징인 보고를 바꾸는 일은 수평적 조직 문화 구현과 자율 중심의 일하는 방식의 정착을 위해서 반드시 해야 할 중요한 과제입니다.

그렇다면 보고 문화를 바꾸기 위해서 어떻게 해야 할까요? PPT 사용을 금지하는 회사도 있고, 1페이지 보고서를 장려하는 회사도 있습니다. 실무자와 매니저가 함께 참여하는 스몰 미팅 형태의 동시 보고를 하는 회사도 있습니다. 그러나 PPT 사용을 금지했더니 스프레드시트나 워드를 PPT화하여 작업하는 경우가 많았습니다. 1페이지 보고서의 경우, 기존의 내용은 첨부파일로 전달되고 오히려 요약 페이지 한 장을 더 만들게 되었다고 비아냥거리는 사람들도 생겼습니다. 동시 보고는 회의만 더 하게 되고, 최종 의사 결정권자의 생각과 일치시키기 위한 게싱 게임(guessing game)을 하는 경우가 늘었습니다.

보고의 핵심은 도해가 아닌 내용이라는 것을 명심해야 합니다. 표현력이 중요한 것이 아니라 핵심에 집중했는지 파악하고 피드백 할 수 있어야 합니다. 주어와 술어, 맞춤법, 자신의 이해를 돕지 못함을 피드백할 것이 아니라 원인 도출의 모호성, 대안을 다른 관점에서 생각해 볼 수 없는지 등에 대한 피드백이 필요합니다. 그래야 1페이지 보고서가 만들어집니다.

'근거가 뭐야', '데이터 가지고 얘기를 해야지'와 같은 말을 하는 순간 보고서의 분량은 많아질 수밖에 없습니다. 근거와 데이터는 시스템을 보면 됩니다. 시스템을 통해 확인할 수 없다면 그건 시스템을 바꿔야 할 문제일 뿐, 개인의 역량 문제는 아닙니다. 동시 보고는 의미 있는 변화인 것이 사실이지만 또 다른 회의나 일이 되어서는 안 됩니다.

그렇다면 보고 문화를 어떻게 바꿔야 할까요? 보고라는 행위의 목적부터 다시 생각해 봅시다. 보고와 관련한 서적이나 교육을 들여다보면 '상사 관점이 되어야 한다'라는 말이 많이 등장합니다. 동의합니다. 읽는 사람의 관점이 되어야 합니다.

그런데 반대로 생각해 봅시다. 보고서를 쓰는 사람의 관점에서 해석해 보면 어떨까요? 4차 산업혁명, 수평적 조직 문화, 일하는 방식의 변화는 관리자의 시대에서 플레이어(실무자)의 시대로의 변화를 의미합니다. 플레이어들이 일을 더 효율적으로 할 수 있도록 하는 측면에서 생각해 봐야 합니다. 플레이어 관점에서 보면 '1) 차상급자인 당신이 알아야 할 사항은 이것이다. 2) 앞으로 나는 이렇게 움직일 생각이다. 3) 그래서 리더 당신의 지지가 필요하다.'는 흐름이 만들어집니다. 그러니까 많은 사람들이 보고서의 목적은 핵심만 말하는 것이라고 말합니다.

그러나 보고서의 핵심은 목적도, 목표도, 수단도 아닌 요구 사항입니다. 요구 사항이란 '1) 현황을 설명하니 알아 둬야 한다. 2) 이런 문제가 있으니 문제 해결에 도움을 달라. 3) 이 정도의 자원이 필요하니 지원 여부를 결정해 달라.'와 같은 것입니다. 즉 이해, 협력, 자원에 대한 의사 결정 요구입니다.

지금까지 우리의 보고서는 상사의 관점에만 맞춰져 왔는데 이건 보고가 가지고 있는 수직적 개념에 집중한 것이었습니다. 보고가 수평화되기 위해서는 플레이어 관점에서 일이 잘 진행될 수 있도록 결정하고, 이해하고, 도움을 주는 측면으로 발전해야 할 것입니다. 관점을 조금만 바꾸면 플레이어들이 더 현명하게 일할 수 있게 될 것입니다. 권한 위임이 일어날 수 있는 보고서, 자율과 책임이 작동할 수 있도록 하는 보고 문화가 만들어지길 바랍니다.

용기 내지 않아도 되는 회의를 만들어라

　이스라엘은 극대화된 효율을 추구하는 문화를 가지고 있습니다. 그들은 학교나 집 또는 군대에서도 자기 생각을 분명하게 주장하는 것이 올바르다고 배웁니다. 우리나라의 신입 사원이 상사의 눈치를 살필 때, 그들은 서슴없이 "당신이 나에게 지시를 내리는 이유를 대라."고 따져 물을 만큼 당당합니다. 우리에게는 이런 문화가 있을까요? 제가 컨설팅을 진행하며 경험한 많은 회의는 조용했고, 진지했으며, 엄숙하기까지 했습니다. 특히, 회의가 시작되기 전의 그 긴장감은 말로 표현하기 어려울 정도입니다. 회의를 시작하지도 않았는데도 가슴은 서늘했고, 온 신경은 팽팽하게 조여오는 듯했습니다.

　대부분의 회의는 사장님이 입장해 시작되고, 발표하고, 혼내고, 지시하는 것으로 끝났습니다. 필자는 이런 회의를 왜 하는지 의문이 들었습니다. 말 한마디라도 잘못하면 안 될 것 같았습니다. 단 한마디라도 치밀하게 준비하고, 정리하고, 생각하고 또 생각한 다음에 말해야 했습니다. 그런데 그것보다 더 힘든 것은 그나마 용기를 내야 이런 각본을 실행할 수 있다는 것이었습니다.

회의는 하나의 목적지로 나아가기 위해 논의하는 건설적 커뮤니케이션 과정입니다. 그러나 회의는 우리가 달성하고자 하는 것들을 끊임없이 방해하고, 사람들의 가장 나쁜 인격적인 속성을 드러내는 아주 특별한 형태의 커뮤니케이션 과정인 경우도 많습니다. 필자는 회의 중 훌륭한 생각들이 짓밟히고 이기심이 넘쳐흐르고 시간이 낭비되는 것을 자주 보았습니다.

모두 그런 것은 아니지만 회의실에서 다른 사람의 말을 끊는 사람들은 대부분 리더입니다. 이들은 고집이 세고 때로는 독단적이며 심지어 독설가인 경우도 많습니다. 그들의 구성원은 고집이 센 그를 절대 이길 수 없다는 것을 알며 결코 대립하려고 하지 않습니다.

사람들은 누구나 자신의 경험과 정보의 틀 안에서 사고할 수밖에 없습니다. 선택적으로 지각하는 것입니다. 그래서 다른 사람의 말을 듣고 자신의 경험에 비추어 재해석합니다. 시대와 환경이 변하고 있는 현실에서 과거의 성공과 실패 경험을 바탕으로 자신의 방식에서 벗어나지 못하고 자신의 방식을 다른 사람들에게 강요하기까지 합니다. 이런 사람들이 주도하는 회의가 잦아지면 구성원들은 자신의 의견을 더욱 더 말하려고 하지 않습니다. 의견을 내더라도 상사가 생각하는 틀에 맞춰서 제시하므로 결국 다양한 의견은 마음속 깊이 감춰집니다.

따라서 문화와 리더십을 먼저 바꿔야 합니다. 거듭하여 말해도 부족함이 없을 정도로 분위기에 대한 책임은 리더에게 있습니다. 어떤 회의가 결론도 없고, 의견 교환도 없고, 참가자도 주관자(의장)도 모두 만족스럽지 않게 끝난다면 그것은 분위기 연출자로서 리더의 책임입니다. 용기를 내지 않아도 자유롭게 자기 생각을 표현하고 서로 의견을 교환할 수 있는 문화를 구축하기 위해 리더가 해야 할 일입니다. 좋은 회의를 진행하기 위해서는 분위기를 어떻게 만들어야 할지부터 스스로 질문해보기 바랍니다. 그리고, 여기서 리더란 단순히 직급이 높은 사람을 의미하지 않습니다. 그룹의 대화를 이끄는 책임을 가진 사람이 바로 '리더'입니다.

마지막으로 브리지워터 어소시에이츠의 회의 모습을 소개하고자 합니다. 이 회의는 필자가 본 회의 중에서 가장 '용기 내지 않아도 되는 회의'에 가까웠습니다.

"브리지워터 어소시에이츠(Bridgewater Associates)"는 150조 원의 자금을 운용하는 세계 최대 헤지 펀드 회사입니다. 세계 최대 헤지펀드 회사는 올바른 회의 문화를 통해 올바른 의사 결정을 하고 있을까요? 이 회사의 설립자인 레이 달리오(Ray Dalio)가 말한 '최고의 아이디어가 승리하는 회사를 만드는 방법'에 대해서 이야기해 보겠습니다.

성공한 기업가가 되기 위해서 리더는 때로는 여론의 방향과는 반대의 결정을 내리기도 해야 하며 그 결정은 결과적으로 옳아야 합니다. 하지만 이런 리더가 되기까지는 수많은 뼈아픈 실패의 경험이 있어야 합니다. 레이 달리오 회장은 이러한 리더가 되기 위해 자신의 실패 경험을 기록하고 기억하려고 노력했습니다.

이 과정에서 그는 자신의 실패 기록을 컴퓨터의 알고리즘으로 만들어 활용한다면 미래의 의사 결정에 도움이 될 수 있다고 생각했고 실행에 옮겼습니다. 그 결과 알고리즘의 도움을 받은 의사 결정이 독립된 개인의 의사 결정보다 더 뛰어났다고 합니다. 컴퓨터는 더 빠르게 더 많은 정보를 처리할 수 있으며 감정에 치우치지 않기 때문입니다. 레이 달리오 회장은 이 방법이 자신의 의사 결정의 질을 급진적으로 향상시켰다고 말합니다.

그가 의사 결정 알고리즘을 만들게 된 계기는 가장 큰 실패를 경험한 후 의사 결정에 관한 그의 태도가 변하였기 때문입니다. 큰 실패 이후 그는 "내 생각이 맞아(I am right)"보다 "어떻게 내 생각이 맞는지 알 수 있을까?(How do I know I'm right?)" 묻기 시작했습니다. 겸손함을 배운 것입니다.

가. 아이디어 실력주의를 위한 급진적 솔직함과 급진적 투명성

레이 달리오는 자신과는 다른 의견을 가지고 있는 똑똑한 사람들을 찾았습니다. 그들의 의견을 통해 다양한 관점을 이해하고자 했으며 또한 자신의 관점이 맞는지 시험했습니다. 그는 이것을 아이디어 실력주의(Idea Meritocracy)라고 표현했습니다. 이는 한 사람이 의견을 내면 다른 사람은 따라오는 전제 정치(autocracy)도 아니며, 모든 사람들의 의견이 동등하게 취급되는 민주주의(democracy)도 아닙니다. 그저 최고의 아이디어가 승리하는 아이디어 실력주의(Idea Meritocracy)를 추구했습니다. 그리고 이를 위해서는 급진적 솔직함(radical truthfulness)과 급진적 투명성(radical transparency)이 필요하다고 말합니다.

급진적 솔직함과 투명성이란 모든 사람이 본인 스스로 믿는 것을 솔직히 말하고 그 내용들을 모든 사람이 볼 수 있도록 하는 것입니다. 먼저 아이디어 실력주의를 이루기 위해 브리지워터 어소시에이츠는 직원들이 무엇이든지 원하는 것을 말할 수 있는 문화를 조성하려 했습니다. 그 노력 중 하나가 바로 피드백에 대한 '수용성'을 가지는 것이었습니다. 회장인 레이 달리오는 직원인 Jim Haskel로부터 아래와 같은 이메일을 받습니다.

"레이, 오늘 회의에서 보여준 당신의 모습은 D 점수를 받아 마땅합니다. 당신은 체계적이지 못했고 회의 준비가 전혀 되어 있지 않았습니다."

레이 달리오 회장은 자신도 이러한 피드백을 받는 것이 필요하다고 말하며 메일 내용을 모두가 볼 수 있게 공개합니다. 이러한 수용성에 대한 노력이 급진적 솔직함과 투명성으로 이어지며 아이디어 실력주의 (Idea Meritocracy)를 이뤄 낸 것입니다.

나. 닷 콜렉터 (Dot Collector)

Ted 강연에서 레이 달리오 회장은 본인이 운영하는 회사가 "닷 콜렉터(Dot Collector)"라는 방법으로 회의를 진행하고 올바른 의사 결정을 내리는 과정을 소개했습니다.

"닷콜렉터(Dot Collector)"는 언어나 행동에 관한 수십 개의 특성(Attributes) 리스트를 먼저 제공합니다. 그래서 회의 중 언제든지 참석자 간의 상호 평가가 이루어지게 했습니다. 누군가가 상대방이 창의적이라고 느꼈다면 그 순간 '창의성' 특성을 선택하고 1부터 10 사이의 점수를 매기면 끝입니다. 예를 들면, 아래와 같이 회의가 시작하고 24살의 Jen 연구원은 '자기주장'과 '열린 사고'의 균형이 부족하다며 회장 레이 달리오에게 3점의 나쁜 점수를 매겼습니다.

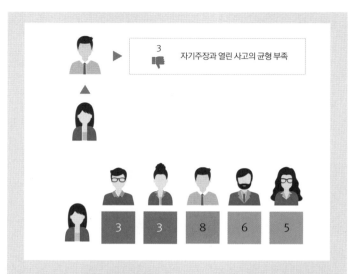

자기주장과 열린 사고의 균형 부족

3 3 8 6 5

그 후 Jen 연구원은 다른 회의 참가자들을 아래와 같이 모두 평가합니다. 그리고 다른 회의 참가자들 또한 각자 서로를 평가하는데 항상 다른 의견과 평가들을 내놓습니다. 레이 달리오에 대한 평가만 보더라도 평가자에 따라 상이하게 다를 수 있습니다. 여기서 중요한 것은 24살의 어린 직원조차도 직위에 상관없이 회장인 레이 달리오에게 솔직한 자신의 비판적 의견을 표현할 수 있다는 것입니다.

3 3 자기주장과 열린 사고의 균형

9 9 자기주장과 열린 사고의 균형

'닷 콜렉터(Dot Collector)'와 같은 이 도구는 회의 참석자들이 자신의 의견을 표현할 수 있도록 돕기도 하지만 아래 사진처럼 참석자들이 본인이 낸 개인 의견으로부터 분리되어 더 전체적인 의견을 볼 수 있게 돕습니다. 참석자들의 관심이 본인의 의견이 아닌 전체 스크린을 향할 때 그들의 관점 또한 변하게 됩니다. 자연스럽게 자신 개인의 의견이 많은 사람의 의견 중 하나라고 인식하고 "어떻게 내 의견이 맞는지 알 수 있지?"라는 생각을 하게 만듭니다. 이런 관점의 변화 때문에 서로의 의견이 맞다고 논쟁하는 대화는 어느새 어느 의견이 맞는지 객관적인 기준을 찾는 대화로 변합니다.

다. 의사 결정 알고리즘(Algorithmic Decision-making)

브리지워터 어소시에이츠는 닷 콜렉터를 통해 수집된 회의 데이터를 컴퓨터에 축적하여 알고리즘을 만들고 이것을 사용해 직원의 특성과 생각을 파악합니다. 그리고 그들이 알맞은 파트너와 협업할 수 있도록 돕습니다. 창의성은 높지만 신뢰도가 낮은 직원을 창의성은 부족하지만 신뢰도가 높은 직원과 협업하게 만드는 것입니다. 또한, 이 데이터를 사용해 각 사람의 강점을 참고한 의사 결정을 합니다. 이것을 신뢰성(believability)이라고 말합니다.

예를 들어, 아래와 같이 회의의 한 안건에 대한 의사 결정 투표에서 77%의 참가자 13명이 'Yes'를 선택했습니다. 하지만, 이 결과가 바로 의사 결정으로 이어지는 것이 아닙니다. 투표에 참여한 사람의 강점과 신뢰성을 반영해서 의사 결정을 하는 것입니다. 비록 4명만 'No'를 선택했지만 축적되어 온 회의 데이터는 이 4명이 더 수준 높은 사고 등의 좋은 강점을 가지고 있어 신뢰성이 높다는 것을 보여줍니다. 따라서, 'No'에 투표한 사람들의 의견대로 의사 결정이 되는 것입니다. 이러한 프로세스가 바로 민주주의(democracy)나 전제 정치(autocracy)를 따르지 아니하고 구성원의 신뢰성을 고려해 의사 결정하는 아이디어 실력주의(Idea Meritocracy)를 가능하게 한다고 합니다. 또한, 이런 방법은 회의 참석자들로 하여금 논의 주제를 다른 시각에서 바라볼 수 있게 만들고 집합적 의사 결정(collective desicion-making)을 가능하게 합니다. 집합적 의사 결정 방안은 개인의 의사 결정보다 뛰어나며 이것이 26년 동안 다른 어떤 헤지펀드 회사보다 많은 이익을 창출한 브리지워터 어소시에이츠의 성공 열쇠라고 말합니다.

| 일반적 다수결 의사 결정 방식 |

77%(13명) YES   23%(4명) NO

혹자는 회의에서 급진적 솔직함과 투명성을 가지는 것이 감정적으로 매우 어려운 일이라고 비판합니다. 또한 잔인한 업무 환경을 조성하는 것이라고도 합니다. 그리고 실제로 레이 달리오는 이 방법이 처음에는 자신들에게도 감정적으로 너무나 힘들었으며 확립하는데 오랜 기간이 소요되었다고 합니다. 하지만 이런 노력을 통해 이제는 회의에서 서로를 평가하는 잔인함이 있거나 서로를 이간질하는 정치질이 있는 것이 아니라 그 어떤 사람도 자신의 목소리를 높일 수 있게 되었다고 합니다. 긴 기간 동안 서로의 의견을 수용하려는 끈질긴 노력을 통해 급진적 솔직함과 투명성을 이루고 누구나 의견을 낼 수 있는 회의 문화를 조성한 세계 최대의 헤지펀드 회사 브리지워터 어소시에이츠 사례가 많은 회사의 귀감이 되기를 바랍니다.

모두가 그룹의 대화를 이끌 수 있을 때
진짜회의에 가까워진다

그룹의 대화를 이끌고 변화시킨다는 것은 참 어렵습니다. 가장 안타까운 것은 그룹의 대화에 있어 좋은 경험을 가진 사람을 찾기가 힘들다는 것입니다. 이 책을 통해 여러분은 그런 경험을 만들어 가는 사람이 되시기를 바랍니다. 다른 사람에게 그런 경험을 선사하는 사람이 되시기를 바랍니다.

우리가 진짜회의에 가까운 그룹의 대화를 경험할 수 있는 가장 확실한 방법이 하나 있습니다. 바로 모두가 회의를 이끄는 방법을 아는 것입니다. 누군가는 회의 진행자로서 그룹의 대화를 이끌고, 누군가는 숨은 조력자로서 그룹의 대화를 도우면 됩니다.

회의를 진행하는 사람만 그룹의 대화를 이끌 수 있는 것은 아니라는 사실이 중요합니다. 참석자여도 '숨은 조력자'로서 회의 진행자가 그룹의 대화를 더 잘 이끌 수 있도록 도울 수 있습니다. 가령 회의 진행자가 회의의 목적, 목표, 메타 결정을 명확히 하지 않았다면 회의 시작과 동시에 관련 질문을 던짐으로써 회의를 명확하게 만들 수 있습니다.

이 책에서 제시하는 수많은 가이드라인을 바탕으로 나만의 '그룹의 대화를 디자인하고 이끄는 방법'을 정립해 보세요. 나만의 원칙을 가지고 그룹의 대화를 이끌어 보세요. 원칙을 얘기하면 사람들은 철학적이고 원론적인 이야기로 치부합니다. 회의장 안에는 이미 수많은 회의 원칙들이 포스터에 작성되어 있지만 아무 쓸모가 없기 때문입니다.

결과적으로 사람들은 회의 원칙을 작동하지 않는 원칙으로 여깁니다. 그러나, 과연 축구 경기에서 '레드카드'라는 원칙은 작동하지 않는 원칙인가요? 그렇지 않습니다. 레드카드라는 원칙은 실제로 영향력을 발휘합니다. 왜 축구 경기에서는 가능한 것이 조직의 회의에서는 가능하지 않을까요? 그 이유는 축구 경기에서는 그 원칙이 지켜지는지 끊임없이 관찰하는 '심판'이 있기 때문입니다. 심판은 때로는 같이 뛰어다닙니다. 필요한 순간순간에 레드카드라는 원칙으로 질서를 만듭니다.

마찬가지입니다. 여러분의 그룹의 대화가 진짜회의에 더 가까워지려면 단순히 그룹의 대화를 설계하고 이끄는 원칙을 가지는 것만으로는 부족합니다. 나 스스로가 심판의 역할을 하는 사람이 되어야 합니다. 그리고, 그 사람이 바로 그룹의 대화를 이끄는 '리더'입니다. 리더가 심판으로서 원칙에 관심을 가지고 스스로 그렇게 행동하고, 참여자의 행동을 관찰하고, 영향력을 발휘할 때 실제로 원칙 있는 그룹의 대화를 만들 수 있습니다.

무엇보다 이 책에 담긴 필자의 회의에 대한 고민과 성찰의 흔적이, 타 기업의 회의를 변화시키고자 했던 노력의 과정이 여러분 조직의 회의에 긍정적인 흔적을 남기길 바랍니다.

"학습에서 가장 큰 장애물은 무지나 열등한 지능이 아니라,
이미 알고 있다는 착각이다"라고 말했던 존 맥스웰의 말처럼,
회의를 변화시키는 학습의 시작은 다시 처음으로 돌아가는 것

입니다.

이미 알고 있다고 착각하는 회의의 모습에서 벗어나 다시 여러분 조직의 회의를 들여다보시길 바랍니다.

인생에 연습이 없듯이 회의에도 연습이 없습니다. 매일 행해지는 실제 회의의 매 순간이 더 나은 회의로 나아가기 위한 발걸음이 되어야 합니다. 매 회의 전, 중, 후로 진짜회의를 위한 고민을 해야 합니다. 인간은 자신의 경험의 폭을 넘어서 생각하거나 말하거나 행동할 수 없습니다. 회의를 변화시키고자 하는 매일의 경험 없이 우리는 진짜회의로 나아갈 수 없습니다. 지나간 슬픔에 새로운 눈물을 낭비하지 말아야 하는 것처럼, 지나간 회의의 모습에 새로운 한탄을 더하기보다 새로운 노력을 더하시길 바랍니다.

이 책이 여러분의 진짜회의를 만드는 데 도움이 되길 바랍니다.

아래 QR코드를 통해 링크에 접속하시면, 지금까지 플랜비디자인에서 진행한 회의 관련 컨설팅 내용을 확인하실 수 있습니다.

일반적으로 회의를 이끄는 데 관심이 있으신 분들에게는 필요 없는 내용일 수 있습니다. 하지만 회의를 변화시키고 회의 문화를 만들어 나가는 데 관심을 가지신 분들이나, 조직에서 그런 역할을 맡고 있으신 분들에게는 필요한 내용입니다. 여러분 조직의 회의 문화를 변화시켜 나가는 데 있어 도움이 되시기를 바랍니다.

〈부록1〉
진짜회의를 위한 노력: 컨설팅편
- 어떤 활동들이 있는가?
- 회의 진단에 활용 가능한 설문지
- 홍보/확산을 위해서는 어떻게 해야 하는가?
- 회의 관련 교육 프로그램은 어떻게 진행되어야 하는가?
- 모니터링과 코칭은 어떻게 진행해야 하는가?

〈부록 2〉
진짜회의를 위한 노력: 국내 기업편(컨설팅 프로젝트 내용)
- 사례1. 국내 기업 A사(모니터링 코칭/피드백)
- 사례2. 국내 기업 B사(원칙 도출/리더 교육)
- 사례3. 국내 기업 C사(문화 개선)
- 사례4. 국내 기업 D,E사(임원, 팀장, 진행자 교육
- 사례5. 국내 기업 F사(회의 프로세스)
- 회의 설문 진단지